MARIA JOSÉ RESENDE

JOGRAIS E REPRESENTAÇÕES EVANGÉLICAS

CPAD
PUBLICAÇÕES QUE EDIFICAM

246.7

Resende, Maria José Gomes de, 1947 –
Jograis e representações evangélicas. Rio de Janeiro, CPAD, 1985.
v.2

1. Representações evangélicas – Teatro 2. Drama – Técnica 3. Amadores teatrais I. Título.

CDD 246.7

Código para Pedidos: PF-818
Casa Publicadora das Assembléias de Deus
Caixa Postal, 331
20001, Rio de Janeiro, RJ, Brasil

5.000/1985
5.000/1986 – 2ª Edição
3.000/1987 – 3ª Edição

Índice

Dedicatória

À minha mãe, Etelvina Rezende, muralha de coragem em nosso lar.

Aos dez irmãos lá de casa e... aos demais, espalhados por toda a Terra.

Introdução

Não se pode negar a grande contribuição da arte para a história dos povos.

- Você já parou para imaginar o quanto a vida seria triste e até mesmo insuportável, sem a presença da Música, da Poesia, das Artes Plásticas, e de tantas outras manifestações artísticas?

Também em nossas igrejas, a irmã Arte tem prestado auxílio inestimável, levando-nos a uma maior comunhão com Deus, em momentos de grande beleza e inefável prazer espiritual. Além de termos, através da arte, maior consagração no trabalho do Senhor, sabemos, por exemplo, que a Música e a Poesia serviram sempre de grandes aliados à mensagem do Evangelho, levando, assim, inúmeras almas ao encontro da salvação eterna em Cristo Jesus.

Embora sendo uma arte bem menos divulgada entre nós, não poderíamos esquecer o valor das dramatizações, que, além de grande efeito visual, são também perfeitamente capazes de transmitir a mensagem cristã aos corações.

O teatro secular tem sido de grande valia para o entretenimento, ao mesmo tempo que presta inestimável serviço cultural para a humanidade. Nas igrejas, a arte dramática pode trazer-nos grande ajuda espiritual.

Trabalhando com grupos de teatro evangélico há cerca de quinze anos, tenho tido inúmeras experiências com esta modalidade de arte que, particularmente, sempre me encantou. Foram muitas as ocasiões preciosas, durante os ensaios, de estreitar laços de amizade entre os componentes do grupo. Momentos felizes também quando sabíamos ter realizado um trabalho cujo principal objetivo fora divulgar a mensagem do Senhor Jesus. Lembro-me de decisões acontecidas ao final de cada peça e de novos decididos, que foram acompanhados em sua vida espiritual pelos participantes da dramatização evangelística.

Se todos pudessem avaliar o enorme alcance desta arte na difusão da Palavra de Deus, teríamos um número muito mais expressivo de grupos voltados para as representações dramáticas, que considero, sem sombra de dúvida, um dos trabalhos mais bonitos e agradáveis de realizar.

– E você, que marcou encontro comigo neste livrinho, por que não pôr mãos à obra agora mesmo, para a formação de um bom grupo em sua igreja?

Adiante, pois! – não há tempo a perder!

JOGRAIS E REPRESENTAÇÕES EVANGÉLICAS

Um Natal em família

"E falando Jesus ainda à multidão, eis que estavam fora sua mãe e seus irmãos, pretendendo falar-lhe. E disse-lhe alguém: Estão aí fora tua mãe e teus irmãos, que querem falar-te. Porém ele, respondendo, disse ao que lhe falara: Quem é minha mãe? e quem são meus irmãos? E estendendo a sua mão para os seus discípulos disse: Eis aqui minha mãe e meus irmãos, porque qualquer que fizer a vontade do meu Pai que está nos céus, esse é meu irmão, irmã, e mãe" (Mateus 12.46 a 50).

Todas as luzes da casa foram acesas e as pessoas começaram a chegar para a festa de Natal. A mesa estava sendo arrumada com a melhor toalha branca de crochê, muito bem passada para o momento especial. Nada fora esquecido: os saborosos assados, bolos, pudins, rabanadas e, no centro da mesa, um grande arranjo feito de frutas.

Mais uma vez a família estaria reunida. Viriam os filhos casados, os netos, os amigos, todos. Ninguém deixara de ser convidado. Vera, a dona da casa, dava ao pessoal da cozinha as últimas instruções, e ela já estava vestida com a roupa nova para a noite festiva.

As músicas de Natal enchiam a casa de uma alegria contagiante e os que iam chegando abraçavam-se e trocavam presentes em bonitas embalagens. Em dado momento, alguém perguntou:

– Onde está Raquel? e a pergunta espalhou-se pela casa inteira indo chegar até Hugo, o pai, que respondeu:

– Está de plantão hoje no hospital. Não quis arranjar quem a substituísse. É uma pena que não esteja conosco.

Mas naquela tarde, ao chegar ao hospital, a enfermeira chefe havia dito a Raquel:

– Toda a escala do pessoal de enfermagem foi trocada e você deverá vir apenas depois de amanhã. Poderá passar o Natal com os seus.

Aquelas palavras "com os seus" haviam tocado profundamente o coração de Raquel. Saindo do hospital, dirigiu-se ao mercado mais próximo, enchendo de compras uma grande bolsa. Em seguida, saiu caminhando sem saber exatamente para onde ir.

Anoitecia quando a moça subiu os estreitos degraus da favela próxima ao hospital. As pernas estavam cansadas quando ela parou diante de um barraco que parecia destacar-se em miséria entre os demais. Era ali que passaria o seu Natal.

Apoiando a bolsa no chão, bateu palmas. Um cachorro negro, magro e doentio latiu insistentemente e em seguida apareceu à porta um menino dos seus oito anos, vestindo um "short" surrado e camiseta muito suja, rasgada no ombro.

– Mãe, gritou. Tem uma moça chamando. E mais quatro crianças apareceram, dois meninos e duas meninas, que olhavam da porta, curiosos, apertando-se uns aos outros no pequeno espaço. Uma mulher de aspecto cansado e triste veio atender, perguntando o que era. A moça gaguejou uma resposta:

– Eu... bem, vim passar o Natal aqui, com vocês.

No rosto da mulher desenhou-se um sorriso tristíssimo que acentuou as rugas feitas de tantos sofrimentos, e ela falou:

– Ué, se você quer ficar, pode entrar! Mas não temos como fazer um Natal, moça. E a mulher abriu o pequeno portão de madeira na cerca de arame farpado.

No interior do barraco de uma só peça, amontoavam-se móveis velhos e um fogão a querosene que inundava o ambiente de um cheiro desagradável de pobreza. Sentando-se à beira da cama, forrada com uma velha coberta, a mulher disse:

– Sente-se, e não repare. A vida não está nada fácil pra nós. Faz quinze dias que o meu marido morreu, sabe? Foi um acidente no trabalho, numa construção na cidade.

E Raquel percebeu um brilho triste de lágrimas nos olhos da mulher que parecia repetir-se nos olhos das crianças. E ela continuou:

– A gente veio do Norte faz seis meses. Luciano logo arranjou um trabalho e nós ficamos contentes. Depois... aconteceu. Mas me desculpe falar de tristezas. Hoje não é dia de lembrar tudo isso. Quer um pouco de café com pão? É tudo o que temos e eu já disse para os meninos que será a nossa ceia. Pouco com Deus é muito.

Emocionada, Raquel abriu a bolsa enquanto falava:

– Se a senhora me permite, trouxe algo para a nossa ceia. E foi arrumando sobre a tosca mesa o que trouxera: muitos panetas, queijo, frutas cristalizadas, presunto, nozes...

As crianças, surpresas, rodeavam a mesa e a mulher parecia menos triste à perspectiva de ter uma ceia de verdade com os filhos. Em seguida, ela abriu um velho móvel e tirou uma toalha quadriculada de vermelho que estendeu na mesa, arrumando tudo.

Lá fora, um sino tocou e os fogos de artifício começaram a espoucar alegremente.

– Venha cá, Paulinho. Você diz o "Pai Nosso" antes da ceia, está bem? – disse a mulher, colocando a mão no ombro do menino.

E, ao finalizar a oração, o pequeno concluiu de olhos fechados:

... e obrigado por esta ceia de Natal e porque esta moça veio ficar hoje com a gente.

Puxando a saia da mãe, uma menina de pernas muito magras insistia:

– Eu sei cantar uma música de Natal. E começou a cantar, com uma vozinha doce, enchendo o barraco de alegria:

"Era uma vez o Natal,
nasceu o menino Esperança,
um gesto de amor e salvação
num sorriso de criança!"

Raquel enxugou uma lágrima que teimava descer-lhe pelo rosto e disfarçou, aplaudindo a menina:

– Muito bem! É uma música muito bonita. Como é mesmo o seu nome?

– Angélica, e o seu? Você vai vir sempre aqui em casa?

– Meu nome é Raquel, e gosto muito de você.

E a mãe sorria, repartindo os doces.

Glossário

Arena - Muitas inovações foram introduzidas ao longo do tempo na arte teatral e uma delas foi a de tirar as personagens do palco, ou seja, de um espaço previamente delimitado, integrando-as bem mais próximas do público, numa técnica chamada "Teatró de arena". Esta feliz iniciativa possibilita ao grupo teatral representar em qualquer espaço, não ficando restrito ao palco. Na maioria das peças constantes deste livro, utilizamos esta maneira que demonstrou em muitas de nossas experiências ser de grande valia para maior entrosamento entre atores e platéia.

Assunto - O assunto texto de uma peça deve ser cuidadosamente avaliado antes de começar a ser trabalhado pelo grupo. Deve-se estudar com antecedência a disponibilidade de todos no sentido de interpretar o texto da melhor forma possível.

Ato - Divisão de uma peça teatral.

Autorização - Uma vez conhecido o texto, os irmãos encarregados deverão procurar o pastor para, juntamente com ele, solicitarem a autorização da igreja, de preferência em sessão regular, para os ensaios e data de apresentação.

Avisos - Os avisos, quanto aos dias e horários de ensaios, devem ser continuamente feitos em horários apropriados, durante o culto e reuniões de estudo.

Bastidores – Intimidade do palco ou espaço cênico. Lugar onde ficam os atores antes da apresentação.

Boca de cena – Trata-se da posição em que se colocam determinadas personagens, à frente, bem destacadas das demais. Os autores costumam usar no texto esta colocação quando querem que a mensagem seja dada de modo especial, bem mais próxima do público.

Camarim – Lugar para que os componentes da peça sejam vestidos e, se necessário, maquilados.

Cartazes – É boa idéia colocar cartazes feitos de maneira criativa na entrada do templo, se possível, anunciando o dia e horário da representação. Os cartazes podem ser espalhados também pelos corredores, salas de estudo e pátio. Quando a peça for de cunho evangelístico ou comemorativa – dias de Natal e Ano-novo – as pessoas da comunidade podem ser também convidadas através de cartazes colocados, por exemplo, no interior de mercados e lojas comerciais, bastando que para isto se obtenha, com antecedência, autorização do dono do estabelecimento.

Cenário – Hoje em dia os cenários estão quase totalmente abolidos na arte teatral. O teatro de arena dispensa o uso de cenários, porque se utiliza da técnica do cenário imaginável, ou seja: através de excelente representação, os atores fazem que o público "veja" lindas paisagens, como montanhas, florestas, noites de luar, pores-do-sol e tudo o mais que componha a história que a peça estiver contando. Até mesmo outras "personagens" e adereços de cena, como por exemplo, uma mesa ou canecos de água, podem ser mostrados através de uma boa mímica feita pelo ator. Ficou provado que os antigos cenários pintados encobriam a representação da personagem. Além do mais, tais cenários são de difícil colocação e ainda reduzem muito as paisagens da cena. No interior das igrejas, o cenário de imaginação, além de ser muito criativo, evita que se modifique a arrumação habitual. Em várias de nossas peças usamos imaginar o cenário, em outras, o reduzimos a apenas alguns bancos rústicos.

Colagem – Diz-se da apresentação de vários temas numa só peça de teatro.

Coringa – Para evitar-se um grande número de participantes numa só peça, o diretor de cena poderá optar pela decisão no sentido de que, apenas um ator, faça dois ou mais papéis numa representação, dependendo, é claro, da disponibilidade do texto. Isto é perfeitamente possível, bastando que os papéis sejam tão bem ensaiados, que o público possa perceber, apesar da semelhança física, a mudança total de personagem. A criatividade da direção cênica distinguirá as peças em que seja possível repetir a manobra.

Coro - Quando necessário, o coro da igreja poderá ser convidado a participar numa peça. Será necessário, contudo, que haja um ou mais ensaios integrados.

Cortina - As cortinas, assim como os cenários e o palco deixaram também de ter importância no teatro de hoje. Para uma representação na igreja, elas não serão nunca utilizadas, porque transformam de modo desagradável a estética do interior do templo. Outro inconveniente do uso de cortinas é que não se encontram pessoas disponíveis para cuidar apenas de abrir e fechar as cortinas, o que não deve também ser feito pelos componentes da peça, uma vez que acarreta um ponto a mais de nervosismo e tensão. As mudanças de atos, cenas e mesmo de épocas, poderão ser feitas com o apagar e acender de luzes bem como com as cenas em estático. (Isso aprenderemos em seguida.) Caso seja necessário mudar um acessório da cena, como um banco ou uma jarra, isto poderá ser feito rapidamente com as luzes apagadas. Tal recurso é perfeitamente válido na técnica teatral moderna.

Decorar - É muito importante que todas as falas de cada personagem sejam totalmente decoradas pelos seus intérpretes. É muito comum ouvir-se de alguns irmãos convidados para participar de peças: "Podem deixar que no dia eu tenho tudo decorado, senão, improviso". A improvisação em cena é muito perigosa e pode derrubar toda a peça, pois as demais personagens necessitam da deixa certa para começarem suas falas.

Deixa - São as três últimas palavras que a personagem anterior diz para que o seguinte possa falar. É também importante aviso para que um outro componente possa entrar em cena. É indispensável que todas as deixas sejam devidamente decoradas, quando se vai decorar um texto. Para isto, procure sublinhá-las na peça com lápis de cor viva. Quando o diretor de cena distribuir os papéis, é necessário que cada um possua uma cópia inteira da peça evitando-se copiar apenas a fala de cada um, porque, assim, não se fica inteirado das falas das outras personagens - fator importante para uma boa interpretação.

Despojar-se – O intérprete, durante os ensaios, e principalmente no dia da apresentação, deve esquecer literalmente o próprio eu para que a personagem possa atuar melhor. Assim, não será reconhecido um parente ou vizinho na primeira fila de bancos o que poderia colocar o ator numa tensão nervosa prejudicial a toda a peça.

Dicção – Exige-se do ator excelente dicção. Todas as palavras em cena devem ser pronunciadas em todas as sílabas e em som bastante audível de todos. Uma pronúncia ruim coloca em sério risco todo um texto que se está apresentando.

Direção – O (A) diretor (a) de cena deve ser um líder nato, com eficiência e energia, mas, ao mesmo tempo, amigo e aberto para aceitar as sugestões do grupo, avaliando a possibilidade de incluí-las ou não no trabalho que está sendo realizado. Ao grupo compete reconhecer o comando e ajudar na medida do possível, para que o projeto alcance seus objetivos.

Disciplina – Como em qualquer trabalho, o teatro exige completa disciplina. As faltas e atrasos aos ensaios, sem justificativa, prejudicam seriamente o bom andamento da peça. O ambiente deve, pois, ser de camaradagem, mas devidamente disciplinado.

Ensaio – Nada absolutamente se faz em teatro sem os ensaios. Ao se escolher um texto para representar, os irmãos não deverão partir logo para os ensaios de movimento. Nos primeiros dias serão feitos os "ensaios de gabinete", ou seja, todos estarão sentados para ler a peça o maior número de vezes possível, até que esteja quase decorada, o que pode levar dias ou até meses. A partir daí, sim, começarão os ensaios de gesticulação e marcação de cena. Nos ensaios de movimento, os irmãos não poderão estar lendo os seus papéis mas sim seguindo suas falas através do diretor de cena, que irá dizendo as partes que tenham sido esquecidas. Evita-se, assim, que o ator confie sempre no papel, que chamamos "bengala". Lembro-me de já ter assistido a representações nas igrejas e ver que, em determinado momento, a personagem retirava dos mais prosaicos lugares um pedacinho de papel amarrotado para "lembrar" o texto. Freqüentes ensaios evitam cenas tão desagradáveis. O ensaio geral deve ser feito na véspera ou no dia da apresentação, em horário mais cedo. Todos estarão vestidos com a indumentária de cena e, se for o caso, usarão os acessórios. Assim fica mais fácil corrigir-se uma túnica comprida ou curta demais e um manto que escorrega a toda hora do ombro ou dos cabelos.

Estático – Imóvel, firme, em equilíbrio. As cenas em estático são de grande beleza numa peça e servem ainda para indicar mudança de atos ou de cenas. Em determinado momento, as personagens ficam paralisadas em meio a um gesto, parecendo um quadro ou fotografia. Esta técnica é amplamente usada no teatro, hoje. Nos laboratórios (que aprenderemos adiante), as cenas em estático serão exercitadas.

Face - O rosto do ator deve expressar em toda a intensidade o que estiver dizendo. As interpretações das demais personagens em cena deverão também ser acompanhadas (quando não se estiver falando) com expressões apropriadas.

Fala - Parte do texto que cabe a cada ator.

Grupo - Um bom relacionamento é imprescindível no grupo de representações. No caso de um dos componentes precisar desistir do trabalho iniciado e não houver meios de contornar o problema, o diretor de cena escolherá outra pessoa que o substitua, apresentando-a com boas-vindas ao grupo que procurará ajudá-la a desincumbir-se da sua nova tarefa.

Iluminação - Em nossas peças não costumamos usar iluminação sofisticada, apenas um simples apagar e acender de luzes que poderá ser feito pela direção de cena ou mesmo por um dos participantes da peça que não esteja em cena no momento. Não obstante, se o grupo desejar criar efeitos especiais de iluminação, deverá procurar com bastante antecedência uma pessoa que possa estar disponível para comparecer a pelo menos três ensaios, inclusive o geral, a fim de ficar completamente inteirado do que é preciso fazer.

Laboratório - Lugar em que se realizam experiências. Para as reuniões do laboratório, os irmãos podem escolher a casa de um dos participantes do grupo, ou uma sala de colégio disponível, ou mesmo um local apropriado num passeio, ao ar livre. Os exercícios de laboratório teatral são muito úteis na formação do grupo.

Marcação de cena - Locais determinados durante os ensaios para a entrada e saída das diversas personagens; momento em que se sentam ou levantam, em que vão à boca de cena, etc. As marcações devem ser feitas pela direção de cena.

Microfone - Em nossas experiências com grupos, dispensamos totalmente o uso de microfones. Os ruídos desagradáveis que costumam provocar, bem como os fios espalhados, tornam difícil a atuação, reduzindo também o espaço cênico, pois as personagens ficam tolhidas ao representarem onde se encontra o microfone. Uma boa impostação de voz, reconhecendo-se a necessidade de ser ouvido até na última fila de bancos, dispensa o ator do uso de microfone.

Mímica – A personagem pode expressar, através da mímica, todo o seu sentimento. Conforme explicamos anteriormente, até mesmo a utilização de acessórios imaginários em cena pode ser feita pela mímica, que é uma das partes mais belas da arte teatral.

Monólogo – Parte de uma peça em que o ator fala sozinho; o contrário de diálogo.

Música – A parte musical de uma peça deve ser o mais simples possível. É preferível não utilizar grandes recursos musicais; isso é mais comum na arte cinematográfica. Caso a peça tenha efeitos musicais (de instrumento, solos, etc.), solicitar a ajuda de pessoa disponível para encarregar-se da tarefa, e que possa também comparecer aos ensaios.

Narração – Para simplificar a maioria de nossas peças, utilizamos o recurso da narração, o que as torna menos longas e cansativas. A narração poderá ser feita quase sempre por um dos componentes que não esteja em cena. O narrador terá de falar em voz bastante firme e alta o suficiente para que possa ser ouvido por todos (quando narra dos bastidores).

Oficina – Em linguagem teatral, significa o mesmo que laboratório.

Oração – Fator indispensável ao bom andamento do trabalho. As orações devem ser feitas sempre no início e no final dos ensaios, bem como no dia da estréia e demais apresentações da peça. Os componentes deverão orar nos momentos antes de entrar em cena, de preferência estando todos de mãos dadas.

Personagem – Pessoa que figura numa representação. O grupo deverá levar em conta que cada personagem terá de ser pesquisada inteiramente por aquele que a irá representar. É preciso estar diante de sua época, seus costumes; do seu perfil psicológico, e de tudo o mais que diga respeito à composição externa e interna da personagem.

Postura – Exige-se um bom aspecto físico da personagem. Vejamos: O rei Herodes andaria de modo empertigado e transmitindo todo o seu poderio e maldade no modo de andar. Um homem simples do sertão já caminharia de modo bem diverso, recurvado, como se tivesse medo da vida. A personagem não deverá nunca permanecer de costas enquanto representa, salvo quando a marcação de cena exigir.

Silêncio – Nos momentos que antecedem a entrada em cena, deve-se observar um profundo silêncio nos bastidores. É bom evitar o vozerio desagradável entre os participantes, pois poderá, inclusive, ser ouvido no interior do templo. Todas as instruções já foram dadas durante os ensaios. No dia da estréia é orar, confiar em Deus e seguir em frente.

Teatro pobre - Denominação usada por um grande dramaturgo alemão, renovador do teatro, para a arte despojada de palco, cortinas, cenários, etc. O teatro pobre, embora assim chamado, é rico de recursos visuais, porque exige do ator excelente nível de representação. É boa opção para as igrejas, porque dispensa totalmente gastos desnecessários.

Vestuário - Toda a indumentária das personagens poderá ser criada de modo que seja o menos dispendioso possível. As túnicas e mantos poderão ser improvisados de maneira criativa, utilizando-se colchas e lençóis de casa. Usar bastantes alfinetes de segurança, para que não seja preciso costurar as peças. Mantos como os dos pastores da história de Natal podem ser feitos com sacos de estopa, forrados de tecido mais leve, para não irritar a pele. Mantos assim dão um aspecto rústico, muito bonito. Lembre-se cada um de levar as suas roupas e alfinetes para o ensaio geral e no dia da apresentação, pois esta não deverá ser uma preocupação do diretor de cena. As sandálias para as peças de época antiga deverão ser bastante rústicas ou, como prefiro na maioria das peças, as personagens poderão representar descalças, o que dá maior leveza e autenticidade às personagens bíblicas cristãs. Ter ainda o cuidado de evitar o lamentável esquecimento de deixar uma dessas personagens entrar em cena com um relógio ou uma aliança de ouro...

Jograis

Um dia diferente

(Para o aniversário do pastor.)
3 vozes femininas e 3 masculinas.

VOZES FEMININAS – Quando o dia amanheceu, parecia igual a tantos outros.

1 MASC. – Os pássaros cantando para despertar a manhã,

2 FEM. – as pessoas dirigindo-se ao trabalho,

1 FEM. e 3 MASC. – as donas-de-casa preparando os filhos para o colégio,

3 FEM. – os jornais com as últimas notícias, o trânsito na cidade...

VOZES MASCULINAS – Sim, tudo parecia igual,

2 FEM. – se algo muito especial não estivesse acontecendo...

TODOS – Hoje é dia de festa, a sua festa, pastor!

VOZES FEMININAS – Mais um aniversário, uma data feliz repartida entre todos nós.

2 MASC. – Mais uma vez a nossa igreja se reúne para celebrar

3 FEM. – e cantar louvores a Deus, por esta grande bênção.

VOZES MASCULINAS – Nós te louvamos, Senhor, porque guardaste a vida do teu servo escolhido para esta igreja!

3 FEM. – louvado sejas, Senhor, por mais um ano de vida

2 MASC. e 1 FEM. – que lhe acrescentaste, para andar sob a tua sábia orientação.

3 MASC. – Sentimos a tua mão dirigindo a vida do nosso pastor. *(Nome.)*

1 MASC. e 2 FEM. – Quer nos momentos alegres ou quando a tristeza parecia não mais querer terminar.

VOZES FEMININAS – E, nesta hora de festa e alegria, aqui estamos para agradecer-te.

TODOS – Muito obrigado, ó Deus, pela vida do nosso pastor.

2 FEM. – Hoje sentimos cheiro de festa, de gratidão, e a nossa reunião tem gosto bom de felicidade.

3 MASC. – Feliz aniversário, pastor e que por muitos anos o senhor fique com a gente,

1 FEM. – para nos conduzir,

2 MASC. e 3 FEM. – ensinando-nos os textos sagrados que tanto bem fazem às nossas almas!

TODOS – Nossos corações batem em compasso de alegria,

VOZES FEMININAS – o que faz este dia diferente dos demais.

1 MASC. – É seu aniversário, pastor. Mais um ano de vida

2 FEM. e 3 MASC. – que a igreja reunida, feliz, agora comemora

VOZES MASCULINAS – em tempo de gratidão, em hora de festa espiritual...

VOZES FEMININAS – Receba de todos nós, um abraço muito especial!

TODOS – Feliz aniversário, pastor! Que para sempre o nosso Deus o abençoe!

As mãos de meu pai

(Para o dia dos pais.)
3 vozes femininas e 3 masculinas.

VOZES FEMININAS – As mãos de papai, como esquecê-las?!
1 MASC. – Elas sempre providenciaram meu abrigo,
2 FEM. – meu sustento e meu ensino.
3 MASC. – Quando eu era um menino me levaram à escola
VOZES MASCULINAS – as mãos de meu pai!
3 FEM. e 1 MASC. – São as mais fortes, cheias de honestidade.
1 FEM. – Tímidas, às vezes, na sua simplicidade, acenando-me quando ia trabalhar...
2 MASC. – As mãos que eu mais admiro e que hoje quero cantar,
TODOS – neste domingo bonito, no seu dia, meu pai,
3 FEM. – data em que o comércio anuncia os seus presentes.
1 FEM. e 2 MASC. – Porém, por mais que eu tente, não consigo encontrar

2 FEM. – um presente verdadeiro para entregar a você,
TODOS – que tem as mãos de guerreiro, as mais bonitas que eu já vi!
VOZES FEMININAS – Essas mãos tanto cuidaram de mim, em toda a minha existência,
3 MASC. – que, às vezes, me parecem as únicas que eu conheci...
1 FEM. – Mãos que me abençoam, me protegem
2 MASC. – e, com firmeza e carinho,
3 FEM. – da vida me mostram o caminho.
TODOS – Obrigado, Senhor, por meu pai –
2 FEM. – verdadeiro sentinela em vigília sem fim.
1 FEM. – Cheio de fé, coragem e amor...
3 MASC. – sempre zelando por mim.
VOZES FEMININAS – Oh! meu Deus, eu te agradeço pelas mãos de papai!
2 MASC. – Mãos trêmulas, tantas vezes, na preocupação de nos dar o melhor,
1 FEM. – mãos diligentes, abrindo a Bíblia e, unidas, tão bonitas, para orar,
2 FEM. e 3 MASC. – orar por todos lá em casa,
VOZES FEMININAS – e pelo mundo inteirinho!...
1 MASC. – pois o coração de papai é mesmo um jardim imenso,
3 FEM. – ensolarado, lindo, sem fronteiras...,
TODOS – aberto de par em par para a humanidade inteira!
2 MASC. – Papai, em tempo de agradecer, eu não poderia esquecer suas mãos tão cheias de amor.
1 FEM. – E não esqueça o senhor, o quanto lhe quero bem,
VOZES MASCULINAS – portanto, sua bênção, meu pai!
TODOS – E que Deus o abençoe também!

A heroína

(Para o dia das mães.)
5 vozes femininas.

1 – Estamos aqui reunidas, para uma história contar,
2 – uma história verdadeira, que fala de amor, coragem e muita dedicação!
3 – A história é quase canção, pois muito bela me parece,
4 – porque a gente não esquece o rosto dessa mulher!
TODAS – Vamos falar de mamãe.
1 – Frágil e pequenina, mas apenas na aparência,
2 – pois seus feitos de heroína merecem ser comentados.
TODAS – Belos e inesquecíveis exemplos de grande dedicação.
3 – Mamãe sabe renunciar a tudo o que for preciso
4 – pelo bem dos seus filhinhos.
5 – E, seu enorme carinho, de nenhum faz distinção.
TODAS – Ela que é tão corajosa!
1 – Perigos já enfrentou e outros mais enfrentaria.
2 – E quem a vê tão amorosa duvida até do que já fez.
3 – Não apenas uma vez, deixou até de comer para alimentar os filhos!

4 – Ficou sem dormir tantas noites, como a melhor enfermeira,
5 – em verdadeira vigília, sem mesmo fechar os olhos.
TODAS – "Mulher virtuosa, quem a achará?...
1 – O seu valor muito excede ao de rubis.
2 e 3 – Não temerá por causa da neve,
4 – porque toda a sua casa anda forrada de roupa dobrada.
TODAS – Levantam-se seus filhos e a chamam bem-aventurada.
5 – A força e a glória são seus vestidos e ri-se do dia futuro."
1 – Assim é esta mulher, minha mãe!
2 – A mais bonita do mundo. Plena em sabedoria,
TODAS – que o meu amor neste dia vem cantar, profunda e sinceramente.
3 e 4 – E não hoje somente, mas a minha vida inteira,
2 – porque você, mamãe, é, sem dúvida, a primeira
1 – que reina suavemente dentro do meu coração.
5 – Parabéns, mãezinha, por esta data no calendário,
TODAS – embora, naturalmente, sejam seus todos os dias.
3 – E, minha querida mamãe, que sempre tomou conta de mim,
1 e 2 – o meu presente não se encontra onde anuncia a tevê,
4 – porque é recado sincero, em forma de bonita oração.
TODAS – Que o nosso Deus, para sempre, tome conta de você!

Um recado

(Para o dia das crianças.)
5 crianças entre 8 e 10 anos.

TODAS – "Deixai vir a mim os pequeninos."
1 – Foi o que Jesus falou,
2 – logo assim que Ele chegou
3 – nas terras de além-Jordão.
TODAS – "Deixai vir a mim os pequeninos,
4 – que deles é o reino dos céus."
5 – Por isso não penso em presentes,
1 – desses que o comércio anuncia,
2 – pois um presente feito de alegria
3 – o bom Jesus já nos deu,
4 – quando a todos ofereceu o seu imenso amor,
5 – em sacrifício na cruz!
TODAS – E hoje o nosso recado a todas as criancinhas
1 – é que não queiram presentes que logo se acabam com o tempo.
2 – Nenhum outro presente é melhor que o carinho da mamãe,

TODAS – que tanto cuida da gente,
4 – o afeto sincero de papai,
5 – a companhia dos nossos irmãozinhos,
1 – o amor que recebemos no lar,
3 – a alegria aqui na igreja, quando louvamos a Deus...
2 – e a certeza que temos da salvação em Jesus,
TODAS – que a vida ofereceu, para nos entregar o Céu.
3 – E depois de saber de tudo isto,
4 – será que ainda podemos querer presentes
5 – feitos de plástico e papelão?
1 e 2 – "Deixai vir a mim os pequeninos,
3 – que deles é o reino dos céus..."
TODAS – foi o que disse Jesus, nas terras de além-Jordão.

Notícia especial

(Para o dia do pastor.)
4 vozes femininas e 4 masculinas.

1 FEM. – Atenção, atenção, senhoras e senhores,
2 MASC. – adolescentes, crianças, moças e rapazes!
TODOS – Temos para todos uma notícia muito importante,
VOZES FEMININAS – mas não queremos, neste instante, falar o mesmo que a tevê.
3 MASC. – Não pretendemos anunciar uma recente descoberta
4 FEM. – nos laboratórios científicos dos Estados Unidos...
1 MASC. e 2 FEM. – Não comentaremos a subida do dólar
3 FEM. – nem as guerras no Oriente Médio.
VOZES MASCULINAS – A nossa é uma notícia simples, mas que nos enche de felicidade!
TODOS – Hoje é o Dia do Pastor,
3 MASC. e 4 FEM. – dia que comemoramos nas igrejas da cidade e também do Interior.
4 MASC. – E, com sincera alegria, rogamos agora a Deus

VOZES FEMININAS – que os céus o cubram de bênçãos neste seu dia.

1 MASC. – É o desejo de toda a nossa igreja.

2 FEM. – Desde a menor criancinha, os rapazes e as velhinhas,

1 FEM. e 3 MASC. – pois, na verdade, o senhor tem sido um amigo da gente,

4 FEM. – ouvindo e orientando quando temos dificuldades

2 MASC. – ou sorrindo conosco em tempo de felicidade...

1 FEM. – Por tudo isto a nossa notícia é bem mais especial.

3 MASC. – Mais bonita e mais interessante

VOZES FEMININAS – do que uma viagem do ônibus espacial.

VOZES MASCULINAS – Parabéns, pastor, pela data que hoje comemoramos!

4 MASC. e 1 FEM. – E por que muito o amamos,

2 FEM. – a Deus queremos agradecer

3 MASC. – por tê-lo escolhido para a nossa igreja.

4 FEM. – E, agora, muito contentes, ainda temos a dizer:

VOZES FEMININAS – No dia de sua festa, nós é que temos o presente,

2 MASC. – o presente de tê-lo entre nós.

TODOS – Felicidade, pastor! muitas felicidades!

Varanda ensolarada

(Para o dia 7 de Setembro.)
3 vozes femininas e 3 masculinas.

VOZES FEMININAS – O nosso Brasil hoje amanheceu vestido de festa.
VOZES MASCULINAS – Livre e alegre como ele só, vestido de verde e amarelo,
TODOS – como as imensas selvas tropicais...
1 MASC. – e de céu azul e branco,
2 FEM. – as cores bonitas da paz.
TODOS – Salve, salve, minha terra brasileira,
3 FEM. – amiga, forte e hospitaleira,
1 MASC. – mãe gentil de tantas raças.
2 FEM. – Hoje, Brasil, mais do que nunca, eu quero ouvir soar teu canto,
3 MASC. e 1 FEM. – a canção alegre da independência, cantada pela boca do teu povo.
2 FEM. – E o meu coração fica contente de novo neste 7 de setembro,

1 MASC. – e exulta, cantando, entre tantos outros corações...

VOZES FEMININAS – Uma data apenas, marcada no calendário, que escolhemos para festejar

2 MASC. – a tua grandeza em toda a América do Sul...

3 FEM. – A fauna e a flora de beleza sem igual,

1 MASC. – cobertas por um céu de anil que a tudo enfeita mais,

VOZES FEMININAS – como vestido novo bordado com um grande sol.

TODOS – Meu Brasil, terra adorada! ...

1 FEM. – Ensolarada varanda aberta para o mundo inteiro.

3 MASC. e 2 FEM. – Sabemos que no teu solo o que mais frutifica é sem dúvida o amor e a alegria

1 FEM. – distribuídas sem medida, noite e dia,

3 MASC. – a quem quiser ou precisar.

TODOS – Assim é nossa pátria, o nosso querido Brasil,

2 FEM. – como uma flor desenhada no grande quintal das nações.

VOZES MASCULINAS – E tua independência, Brasil, faz vibrar os corações

TODOS – desta gente corajosa, chamada de brasileira,

3 FEM. – pronta a participar,

2 MASC. – trabalhando para o progresso, que deve continuar,

1 MASC. – sendo mesmo a maior meta em terra cheia de paz.

3 FEM. e 2 MASC. – Este, irmãos, é o melhor lugar,

VOZES FEMININAS – a boa terra que todos recebemos

TODOS – do grande amor do nosso bom Deus!

A noite dos pastores

(Para o dia de Natal.)
5 vozes femininas e 5 masculinas.

1 MASC. – "Glória a Deus nas alturas,
TODOS – paz na terra, boa vontade para com os homens!"
2 FEM. – Era uma multidão dos exércitos celestiais,
3 MASC. – feita de anjos cujos vestidos brilhavam mais que o sol,
1 FEM. – mais que as estrelas que bordavam o céu,
4 MASC. – e muito mais do que milhares de relâmpagos.
VOZES FEMININAS – Na noite de Natal, o momento do amor maior é
TODOS – glória a Deus nas alturas!
3 FEM. – Porque é Natal, Jesus nasceu
5 MASC. – e na vigília da noite, no coração dos pastores...
TODOS – teve início a grande festa.
2 MASC. e 4 FEM. – Não uma festa artificial,
5 FEM. – feita de caros brinquedos e mesas cheias de gulodices,
1 MASC. – mas uma festa bonita, espiritual...

2 FEM. – toda enfeitada de luzes que levam à eternidade.
TODOS – Foi assim o primeiro Natal,
VOZES MASCULINAS – cheio de simplicidade como a pureza da vida dos pastores,
3 FEM. – acostumados com a natureza,
3 FEM. e 4 MASC. – com o verde magnífico dos campos,
1 MASC. e 5 FEM. – o nascer e o pôr-do-sol, pintando o céu de alegria,
VOZES FEMININAS – em fios de prata, rosa e dourado
TODOS – pelas mãos sábias de Deus.
5 MASC. – Pastores acostumados com a água doce e cristalina que lhes saciava a sede
2 FEM. e 1 MASC. – e com o canto mágico dos passarinhos, aos quais aprenderam a amar.
2 MASC. – Foi uma noite enluarada, como nunca houve igual,
4 FEM. – a noite maravilhosa em que nasceu o menino Jesus,
TODOS – Jesus, o Menino Deus, o Messias.
1 MASC. – Ao trabalho e aos encantos da natureza, os pastores estavam bem acostumados,
5 FEM. – mas o que eles não esperavam, aconteceu naquela noite.
2 MASC. – Há muitos e muitos séculos,
4 MASC. – o que era comum, transformou-se em esplendor:
1 FEM. – os anjos, iluminando os campos, bem alegres anunciaram:
TODOS – "Nasceu o Salvador, que é Cristo, o Senhor."
3 MASC. – E os nossos amigos, os pastores, nem refeitos estavam da surpresa, quando eles continuaram:
VOZES MASCULINAS – "e achareis o menino envolto em panos e deitado numa manjedoura."
VOZES FEMININAS – Numa simples manjedoura!
3 MASC. e 1 FEM. – Como era simples também o coração dos pastores,
4 FEM. – porque o Mestre Jesus só pode fazer morada no coração dos pequenos,

2 MASC. – dos que não acham importante ter conta no banco, carro do ano e prestígio social.

VOZES MASCULINAS – "Vamos depressa para Belém",

1 FEM. – disseram os pastores depois que os anjos voltaram para o Céu.

2 MASC. – Depressa, pois importa agora louvar o menino Deus,

5 FEM. – o Salvador, o dom que veio dos céus.

TODOS – Cantam a 1ª e 3ª estrofes do hino 32 do Cantor Cristão.

VOZES MASCULINAS – Depressa, amigos, para Belém,

1 FEM. – porque é lá que se encontra toda a nossa esperança,

5 MASC. e 3 FEM. – entre Maria e José, o Deus feito criança!

TODOS – Foi assim o primeiro Natal.

2 FEM. – Ah! que sejam assim todos os Natais!

VOZES FEMININAS – Alegres, puros e simples,

3 MASC. – mas cheios da presença de Jesus;

TODOS – o maior amor, a razão primeira do Natal!

Um acordo de fé

(Para o Ano-novo.)
3 vozes femininas e 3 masculinas.

1 MASC. – Estamos todos olhando agora para o relógio,
2 FEM. – que logo anunciará um novo dia para todos nós,
VOZES MASCULINAS – um outro desafio, um novo ano,
VOZES FEMININAS – um presente ainda fechado que receberemos ansiosos;
3 FEM. – com mãos trêmulas iremos descobrindo dia a dia
2 MASC. – o que tem Deus reservado para as nossas vidas.
1 FEM. e 3 MASC. – Em momentos de felicidade, feitos do convívio alegre da família,
VOZES MASCULINAS – na dúvida de ganhar o pão com o trabalho honesto,
2 FEM. – e no aprendizado espiritual dos dias em desespero,
1 MASC. – quando a dor até parece não querer mais ir embora,

3 FEM. – tanto na tristeza como na alegria, continuaremos a sentir a mão poderosa de Deus,
TODOS – amparando e dirigindo,
2 MASC. – consolando com sabedoria
1 FEM. – os pequenos e confusos filhos seus.
TODOS – Um novo dia, um ano novo cheio de promessas e expectativas!
VOZES FEMININAS – Muito obrigada, Senhor, pelo ano que se finda.
3 MASC. – Quantas vezes senti tão perto a tua presença me ensinando a caminhar!
2 FEM. – Obrigada, porque, no riso puro das crianças e nas linhas escritas no rosto do ancião, eu percebi, Pai, o teu amor.
1 MASC. e 3 FEM. – Nas cores festivas do pôr-do-sol e na chuva que molhou a terra...,
1 FEM. – nas noites de luar e no canto dos passarinhos acordando a manhã,
VOZES MASCULINAS – eu vi o amor imenso da tua criação.
2 FEM. – Obrigada, Pai, porque as respostas às minhas orações
1 MASC. – foram de acordo com a tua vontade,
3 FEM. – mas nem sempre como desejava o meu coração que nada sabia.
2 MASC. – Eu te agradeço, meu Deus, pelo que pude aprender
VOZES MASCULINAS – nas estradas e fronteiras estabelecidas pelo teu cuidado para comigo.
TODOS – Agora, Senhor, obrigado pelo ano que começa:
1 MASC. – mais uma porta aberta,
2 FEM. – uma jornada a mais para vencer.
3 MASC. – Saberei sempre escolher o melhor, se eu tiver a minha mão na tua,
1 FEM. – pois é certo que assim é melhor a caminhada.
TODOS, *cantam a 4ª estrofe do hino 154 do Cantor Cristão.*
VOZES FEMININAS – Eu que preciso tanto de ti, Senhor, espero sempre a tua companhia,

VOZES MASCULINAS - em todos os minutos dos meus dias
TODOS - e feliz ano-novo então, para mim, para você...
3 FEM. - e não convém esquecer o que diz o Livro Santo:
VOZES MASCULINAS - "Busquem primeiro o reino de Deus e a sua justiça e todas as outras coisas lhes serão acrescentadas".
TODOS - Todas as coisas!
2 FEM. - De nada teremos falta neste ano que começa, pois os céus sabem cuidar de nós.
3 MASC. - É somente confiar, com fé e perseverança,
1 MASC. e 2 FEM. - procurando seguir as setas bem colocadas
3 FEM. - pelas Santas Escrituras, em recados de esperança.
VOZES FEMININAS - Feliz ano-novo para mim, para você...,
3 MASC. - sem medo, tristeza ou preocupação,
TODOS pois é verdade, meu irmão, que Deus estará cuidando de nós.

Peças

Mãos à obra na Igreja

(Para aniversário ou inauguração de igreja.)

Peça em 1 ato

PERSONAGENS

13 pessoas, que poderão ser: jovens, adultos ou crianças, conforme a disponibilidade.

CENÁRIO - Um painel de tecido de cor viva; painel em cartolina, ou esteira de palha, onde se fará o desenho de uma árvore com os galhos, mas sem as folhas. O desenho poderá ser feito numa colagem de outro material sobreposto ao painel. À medida em que o programa for transcorrendo, as personagens trarão "mãos" feitas de um desenho em cartolina colorida; essas mãos serão, de modo criativo, colocadas nos galhos da árvore, como se fossem folhas. Cada "mão" terá escrito o nome do trabalho que cada um está disposto a realizar pelo crescimento da igreja.

OBSERVAÇÕES – Além das pessoas portando mãos, virão dois apresentadores, que ficarão colocados em ângulos de cena bem visíveis. Eles poderão decorar ou ler suas falas. As demais personagens será bom que decorem seus textos. As "mãos" poderão ser colocadas com alfinetes, ou "tachinhas".

APRESENTADORA – Estamos comemorando hoje uma data muito especial para todos nós. *(Dizer o motivo da festa.)* A gratidão a Deus é tanta em nossos corações, que resolvemos apresentar a Ele tudo o que estamos dispostos a realizar para a sua obra neste local. Os irmãos trarão aqui, de modo simbólico, as formas pelas quais esperam poder cooperar com nossa igreja. Mas as responsabilidades são de todos nós e não apenas dos que virão aqui, à frente. Nenhum trabalho parecerá cansativo, pois o faremos no ideal de mostrar através de nossa participação o quanto amamos a Jesus Cristo, razão principal de nossa esperança.

Música especial à escolha do grupo.

APRESENTADOR – Alerta, igreja! É tempo de trabalhar. São cada vez maiores os desafios de nossa época e não há tempo a perder.

OS DOIS – "Tudo quanto te vier às mãos para fazer, faze-o conforme as tuas forças." *(Saem os dois.)*

TRABALHO, *entra e prega com alfinete a "mão" num dos galhos da "árvore"* – Esta é a mão do trabalho, que deve ser constante em nossa igreja. Há, realmente, muito que fazer e não podemos ficar de braços cruzados. Minha mão pode auxiliar em todos os trabalhos, desde o mais leve ao mais pesado ou arriscado. O cristão é, sobretudo, um corajoso, e eu devo estar sempre pronto a participar com o meu trabalho que poderá ser até mesmo pintar de novo, quando necessário, as paredes do templo, para que retratem sempre a limpeza das cores alegres que caracterizam a Casa de Deus. *(Sai.)*

ORNAMENTAÇÃO, *faz o mesmo, pregando a "mão" no painel* – Trago a mão que tem a grata tarefa de cuidar das flores, da toalha alva que enfeita o púlpito, do encerado do chão, da limpeza dos bancos e tudo o mais que possa transformar nossa igreja num lugar tão bonito e acolhedor que todas as pessoas, desde as crianças aos velhinhos, gostem muito de permanecer para cultuarem a Deus. Para Ele, que nos deu a vida, faço tudo o que a minha mão possa criar. *(Sai.)*

EVANGELISMO – A minha é a mão do evangelista, que procura encher de visitantes a nossa igreja, para que possam ouvir as Boas-Novas do Senhor Jesus. O trabalho de evangelismo poderá ser árduo, se praticado em toda a sua intensidade, mas sabemos que, hoje, mais do que nunca, é necessário espalhar a boa semente que há de apressar a vinda do nosso Mestre. As pessoas em nossa cidade e em todo o mundo encontram-se angustiadas, mergulhadas no mais profundo desespero. É urgente, pois, a missão de alcançá-las com o amor grandioso de Jesus Cristo. Avante, igreja! *(Sai.)*

APRESENTADOR, *entrando* – "E Jesus lhes disse: Ninguém que lança mão do arado e olha para trás, é apto para o reino de Deus." *(Permanece em cena.)*

ENSINO, *homem ou mulher* – Transmitir ensinamentos é uma tarefa muito importante no trabalho de uma igreja. Os irmãos, professores da Escola Dominical, têm uma enorme responsabilidade diante de Deus, porque são eles que educam por meio das Escrituras Sagradas. Uma criança jamais esquecerá a professora da Escola Dominical. Um jovem poderá ter novos rumos para a vida, através de uma lição explicada com bastante amor numa classe. Além da Escola Dominical, os educadores escolhidos por Deus podem organizar os mais diversos cursos de aperfeiçoamento... E que tudo seja feito para honra e glória do nosso Senhor Jesus Cristo. *(Sai.)*

APRENDIZADO – Minha mão estará sempre estendida na direção do aprendizado. Para mim, todas as lições serão sempre novas. Abrindo a Palavra de Deus, minhas mãos encontrarão sempre mensagens inspiradoras para o meu coração e o crescimento da minha vida espiritual. A disposição de aprender há de ser uma constante não só para mim mas também para todos nós que desejamos ver o crescimento da obra do Senhor Jesus. Sem o aprendizado necessário, será muito difícil evangelizar ou fazer qualquer outro trabalho na igreja. Aprender, sempre aprender, deve ser uma das nossas metas principais. E que o nosso Deus a todos abençoe! *(Sai.)*

APRESENTADORA, *entrando* – "Não se aparte da tua boca o livro desta lei, antes medita nele dia e noite, para que tenhas cuidado de fazar conforme a tudo quanto nele está escrito, porque então farás prosperar o teu caminho, e então prudentemente te conduzirás." *(Permanece em cena.)*

DÍZIMOS – "Trazei todos os dízimos à casa do tesouro, para que haja mantimento na minha casa, e depois fazei prova de mim, diz o Senhor dos Exércitos, se eu não vos abrir as janelas do céu, e não derramar sobre vós uma bênção tal, que dela vos advenha a maior abastança." Irmãos, sem o nosso dízimo é quase impossível esperar o crescimento da igreja. Que o ato de contribuir represente para nós a certeza de que nada há de faltar em nossa congregação, e que contribuir seja antes uma alegria, que uma obrigação! Que o Senhor Jesus abençoe a nossa congregação! *(Sai.)*

SAUDAÇÃO, *senhora ou moça, que, ao chegar diante da igreja, cumprimenta os apresentadores, apertando-lhes as mãos* – Trago a mão que cumprimenta cordialmente os irmãos e principalmente os visitantes, que chegam, tímidos, diante de tanta gente que não conhecem. Um caloroso cumprimento, acompanhado de um sorriso amigo, representa o primeiro passo para que o nosso amigo visitante possa sentir-se bem, descontraído e alegre para ouvir a mensagem do Evangelho. Agora, irmãos, vamos aproveitar este momento para cumprimentar uns aos outros, espalhando através de nossas mãos o amor do Mestre Jesus. Louvado seja o Senhor pela alegria desta data e pelo encontro feliz nesta festa! *(Sai, sorridente, cumprimentando a quem encontre pelo caminho.)*

APRESENTADORES – "Oh! quão bom e quão suave é que os irmãos vivam em união!"

PERDÃO – Minha mão estará sempre pronta a ser estendida para pedir e oferecer perdão. Com a grandiosidade do perdão, pleno e belo, certamente nossa igreja crescerá cada vez mais. Tenho a certeza de que não existem em nossos corações lugares feios e escuros para abrigar ressentimento. Através do perdão, sincero e total, no esquecimento absoluto de todas as mágoas, a nossa vida espiritual há de crescer mais do que esta árvore *(aponta)* pois será uma árvore forte e poderosa, indestrutível. A mão do perdão também estará sempre pronta a consolar todos os tristes, oprimidos, sem esperanças. Ah! que as nossas mãos, meus irmãos, estejam sempre cheias do perdão e do consolo, incansavelmente, até a volta do nosso querido Jesus, que, para a nossa alegria, está tão próxima!

LIDERANÇA – Pulso firme precisa ter o líder. – Todos concordamos com isto, não é? Pois o meu desejo sincero nesta noite de festa é que todos aqueles a quem o Senhor deu o dom da liderança estejam sempre disponíveis para o crescimento de nossa igreja, através do trabalho deles. Precisamos de líderes para grupos de estudo, de trabalho, de evangelismo, acampamentos..., tantas atividades que ficaríamos toda a noite a enumerá-las. Pulso firme, mão aberta, com o coração sempre pronto a aceitar sugestões que visem a um trabalho melhor. Que o Senhor ilumine os nossos líderes! *(Sai.)*

APRESENTADOR – "E o justo seguirá o seu caminho firmemente, e o puro de mãos irá crescendo em força."

APRESENTADORA – "Ela abre a sua mão ao aflito e ao necessitado estende as suas mãos."

AMPARO, *senhora ou jovem* – Quanta responsabilidade, irmãos, temos todos nós diante de milhares de criaturas desamparadas em toda a terra! A mão do amparo é responsável pelos órfãos, os pobres, as viúvas, todos os necessitados. Só Deus sabe que grande amor tenho por todos esses "pequeninos" do Mestre. Como gostaria de ajudar a todos, de modo que a ninguém faltasse nada, principalmente o pão para saciar a fome tão terrív

Alegra-me saber, entretanto, que não estou sozinha nesse sentimento. Tenho todos os irmãos comigo e assim será bem mais fácil a tarefa de alcançar a todos eles, tão carentes e tristes que são. Estamos juntos, solidários no desejo de repartir o pão, o agasalho, e quem sabe até mesmo o teto! Que cada vez estejamos mais conscientes da necessidade de estender a mão ao aflito, e que o Pai nos forneça todos os meios! *(Sai.)*

ORAÇÃO – Que grande poder possuem as mãos em oração! Elas são muito mais poderosas que as mãos do Presidente dos Estados Unidos ou da União Soviética no exercício de suas importantes funções. Quando as mãos se unem em oração, o coração de Deus se move a nosso favor. "Tudo o que for pedido ao Pai, em meu nome, Ele concederá." A oração será, sem dúvida, o instrumento mais eficaz e o mais importante para o crescimento espiritual de todos nós. Que a paz do Senhor esteja com os irmãos! *(Sai.)*

APRESENTADORES – "Porque o Senhor dos Exércitos o determinou; quem pois o invalidará? e a sua mão estendida está; quem pois a fará voltar atrás?" Avante igreja do Senhor! Nossas mãos estão disponíveis. Há muito o que realizar e o importante agora é seguir em frente. Mãos à obra do Senhor, neste local!

Voltam todos os componentes e colocam-se de mãos dadas, à frente.

APRESENTADORES – E diz assim a Palavra de Deus...

TODOS, INCLUINDO OS APRESENTADORES – "Porque eu, o Senhor teu Deus, te tomo pela tua mão direita e te digo: Não temas, que eu te ajudo!"

Em seguida, um dos apresentadores pede ao pastor que faça uma oração, durante a qual todos os irmãos, inclusive os que assistem, estarão de mãos dadas. Uma música suave ao piano encerrará o programa.

A mulher que confiou em Deus

(Para o dia das mães.)

Peça em 1 ato

PERSONAGENS

JOQUEBEDE
ANRÃO
MOISÉS, aproximadamente 16 anos
MIRIAM, jovem
TERMÚTIS, princesa
JASMIM, serva de Termútis
YANAROS, jardineiro do palácio

CENÁRIOS – Imagináveis. Caso o grupo encontre disponibilidade, poderá criar um cenário na casa de Joquebede, usando bancos e mesa antigos.

INDUMENTÁRIAS – A princesa Termútis usará mantos e túnica com aspecto vistosos. Para melhor brilho nas roupas, pode-se utilizar colagens de pequenos recortes de papel laminado de várias cores. Usar bijuterias douradas e uma corrente, também dourada, ao redor da cabeça, passando sobre a testa da princesa. As outras personagens usarão roupas bem mais simples, porém de colorido alegre.

ACESSÓRIOS – Boa quantidade de pequenas flores brancas, naturais, que serão oferecidas no final para as mães presentes. Uma cesta de palha e um pedaço de cordinha das que se usam para embrulho.

NARRAÇÃO, *em oculto* – Esta é a história de Moisés, do seu nascimento e de sua infância; mas é, sobretudo, a história de sua corajosa mãe: Joquebede, cuja confiança ilimitada em Deus desafiou a opressão e os grandes perigos a que Faraó expunha o povo de Israel no Egito. É, pois, a história de Joquebede o nosso presente para as mães, neste segundo domingo de maio.

Após a narração, Joquebede entra em cena aparentando tristeza. Traz o pequeno cesto e uma cordinha nas mãos, fazendo gestos rápidos e ágeis de terminá-lo, num acabamento final. Em seguida, entram Anrão e Yanaros e ela deixa nervosamente o trabalho.

ANRÃO – Não precisa assustar-se, Joquebede. Este é Yanaros, um grande amigo meu. É jardineiro do palácio, um bom homem.

YANAROS – Bom dia, senhora. *(Sem jeito.)* Eu... vim avisá-los de que agora correm mais perigo do que nunca.

JOQUEBEDE, *procurando apresentar calma* – Ora, perigo por quê?...

YANAROS – Minha mulher soube que vocês têm uma criancinha aqui. *(Joquebede parece mais preocupada. Anrão toca-lhe o ombro, como para acalmá-la.)*

ANRÃO – Pode confiar em Yanaros. Ele não nos fará mal algum... e nem ao pequeno.

JOQUEBEDE, *acalmando-se* – Como estão as coisas no palácio?

YANAROS – O rei baixou um novo decreto ordenando agora a todo o povo que... *(pára, indeciso).*

JOQUEBEDE, *insistindo* - Vamos, diga o que ordenou agora o Faraó?

YANAROS - Bem, ele agora exige que todo o povo cuide de lançar ao rio todos os meninos.

ANRÃO, *revoltado* - Que absurdo! A ordem era apenas para as parteiras e agora...

JOQUEBEDE, *controlando o nervosismo* - Obrigada Yanaros. Foi bom ter vindo avisar-nos. Agora precisamos pensar em novos planos.

YANAROS - Eu preciso ir. Tenho de cuidar ainda hoje de podar as árvores que ficam ao sul de um dos pavilhões do palácio.

ANRÃO - Nossa casa está à sua disposição, venha quando quiser.

YANAROS - Agradeço. É bom ter amigos, especialmente nestes tempos tão difíceis. Adeus. *(Despedem-se e Yanaros sai.)*

ANRÃO - Precisamos arranjar um meio de fugir imediatamente. Quem sabe poderíamos sair ainda hoje, no meio da noite?

JOQUEBEDE, *decidida* - Não, não sairemos da cidade.

ANRÃO, *surpreso* - Como?... Esta é a única solução. Poderei falar com Cássio, o mercador. Sei de muitas famílias que já fizeram o mesmo e...

JOQUEBEDE, *cortando* - Nós, porém, não sairemos.

ANRÃO, *aborrecido* - Vejo que seus nervos a estão deixando descontrolada - fala como uma louca.

JOQUEBEDE - Eu não estou louca, Anrão. Sei o que falo e tenho pensado muito em tudo o que nos está acontecendo. *(Entra Miriam, apressada e nervosa, fala ofegante como cansada de uma corrida.)*

MIRIAM - Oh! vocês estão aqui. Ainda bem!

JOQUEBEDE - Mas o que houve, Miriam?

MIRIAM, *abraça, chorando, a mãe* - Minha pobre mãezinha, o que faremos?

ANRÃO, *preocupado* - Tenha calma, filha!

MIRIAM - Soube que Faraó deu nova ordem sobre as criancinhas!

JOQUEBEDE, *alisando os cabelos da filha* - Sim, nós já sabemos.

MIRIAM, *olhando com surpresa para a mãe* – Já sabem?! E então, o que faremos agora?

ANRÃO – Eu disse à sua mãe que poderemos tentar a fuga hoje, à noite. Temos tido noites sem luar e não será tão difícil burlar a vigilância dos guardas do palácio.

JOQUEBEDE – Mas eu não penso assim, Miriam. Acho que a fuga não é o melhor.

MIRIAM, *afastando-se da mãe* – Mas minha mãe, se não fugirmos, os espias matarão o bebezinho, afogando-o no rio!... Como escondê-lo mais? A senhora já o tem escondido há três meses.

JOQUEBEDE, *em boca de cena* – Três meses! Pois se Deus o guardou até aqui há de guardá-lo por toda a vida!

MIRIAM – Não seja tão confiante, mamãe. A maldade de Faraó não tem limites.

JOQUEBEDE, *dirigindo-se à filha* – Pois saiba, minha querida, que a minha fé é muito maior. *(Mostra as mãos para a filha.)* Veja minhas mãos! Cheias de feridas, não é? Olhe agora as suas e as de seu pai: todos temos feridas do trabalho escravo: o barro dos tijolos deixa feridas em nossas mãos, mas não deve marcar os nossos corações. O rei poderá mandar que vigiem nossas vidas em todos os minutos do dia, mas nunca será dono dos nossos espíritos, os quais pertencem a Deus.

ANRÃO – Você é uma sonhadora, Joquebede. Agora tratase da vida de nosso filho.

JOQUEBEDE – E quem poderá amá-lo mais do que eu?... Sou sua mãe e por ele faria qualquer sacrifício. Daria até mesmo a minha vida.

MIRIAM – Pois então, mamãe, tratemos de fugir ainda hoje. É uma boa ocasião, pois estão todos entretidos com os preparativos da colheita.

JOQUEBEDE, *pegando o cesto e mostrando-o à filha* – Você vê este cesto, Miriam? Enquanto o tecia, pedia a Deus que cuidasse da vida da minha criança, do seu pequeno irmãozinho.

MIRIAM – Um cesto? Mas para que servirá?

ANRÃO – Cuidado, minha esposa, não faça planos baseados unicamente em sonhos!

JOQUEBEDE – Tudo o que faço procuro colocar sob a orientação dos céus. *(Olha de modo sonhador para o cesto.)* Ainda falta barrear com betume este cestinho de juncos que livrará meu filho da ira de Faraó.

MIRIAM, *inquietando-se* – Mas como será isto, minha mãe?

JOQUEBEDE – Colocaremos o menino no cesto e o deixaremos à beira do rio.

ANRÃO, *aborrecido* – Mas que idéia absurda! Ele poderá afogar-se!

JOQUEBEDE, *com ênfase* – Não. Sei que nada de mal lhe acontecerá!

MIRIAM, *muito preocupada* – Como poderá saber que não sofrerá nada? Isto parece loucura.

JOQUEBEDE – Será loucura ter fé em Deus?!... Eu o entreguei ao Rei do Universo e sei que Ele tem um plano grandioso para o meu filho. *(De modo decidido.)* Vamos, Miriam, você também, Anrão, precisam ajudar-me. Temos de apanhar depressa bastante betume. Quero que tudo esteja pronto logo. *(Saem todos pela porta dos fundos.)*

Apagam-se as luzes, caso a peça seja apresentada durante a noite.

NARRAÇÃO – E Joquebede fez conforme planejara. Cautelosamente, mãe e filha colocaram à beira do rio o pequeno Moisés, dentro do cesto. Joquebede, temendo ser vista, voltou apressadamente para casa e Miriam ficou detrás de umas árvores vendo o que aconteceria ao menino.

Acendem-se as luzes e Termútis e Jasmim entram pela porta que dá para a rua. Miriam entra, ao mesmo tempo, por uma porta lateral e fica de longe, tímida olhando as duas que conversam em meio de cena, mas fora da casa.

TERMÚTIS – E então, Jasmim, fez o que lhe pedi?

JASMIM – Sim, minha senhora, levei o menino para o palácio e pedi que cuidassem de agasalhá-lo bem.

TERMÚTIS, *sorrindo* - Pobre criancinha! Seus lábios tremiam de frio. E como chorava... É filho dos hebreus, pelo que parece, mas não pude deixar de ter compaixão. Onde já se viu, deixá-lo ali, a beira do rio. - Não é um lindo menino?

JASMIM - Tem razão, senhora.

TERMÚTIS - Jasmim, você é muito tímida, quase não fala! Precisamos conversar mais, as duas, já que você é a serva que mais cuida de mim. Vamos, o que mais gosta no palácio?

JASMIM, *sem jeito* - Ora, tantas coisas. Gosto das colunas de alabastro, dos pisos de mármore colorido, dos jardins, de tanta coisa! Tudo é tão belo!

TERMÚTIS, *vendo afinal Miriam* - Veja, uma hebréia! Aproxime-se! - Como é o seu nome?

MIRIAM - Eu... meu nome é Miriam, senhora.

TERMÚTIS - E por que estava aí, a olhar-nos?

MIRIAM - Perdão, senhora, é que eu gosto de ver sua beleza e também as roupas bonitas que usa.

TERMÚTIS, *rindo-se* - Tolinha! Pois se aprecia a beleza deveria ver a bela criança que encontramos hoje à beira do rio. Era um menino lindíssimo. Só que... não sei como criá-lo. Estou tão acostumada aos passeios, as festas...

MIRIAM, *fala nervosamente* - Se a senhora me permitisse eu poderia encontrar uma ama para ele.

TERMÚTIS - Mas é claro, pequena, eu permito. Você tem um rosto que inspira confiança. Arranje-me pois uma ama, mas que seja uma boa mulher; eu darei salário a ela e farei tudo o que seja necessário para que o menino cresça saudável e feliz.

MIRIAM, *mal contendo a alegria* - Oh! pode deixar, princesa, farei o melhor possível. Até breve. *(Curva-se diante de Termútis e sai.)*

Apagam-se as luzes, após a saída de Termútis e Jasmim por uma lateral.

NARRAÇÃO - E assim, o menino voltou aos braços de Joquebede que o criou até o dia em que ele deveria voltar ao palácio para ser adotado pela princesa, que passaria a cuidar de sua instrução, principalmente na literatura dos egípcios. Assim Moisés seria preparado para a sua grande missão!

Acendem-se as luzes e aparecem Moisés, Joquebede, Anrão e Miriam.

MIRIAM, *sorrindo* - Meu irmão, você está muito bonito, hoje.
JOQUEBEDE - Só hoje? Meu filho sempre foi bonito!
MOISÉS, *constrangido* - Vocês duas e suas brincadeiras. Não imaginam o quanto estou preocupado.
ANRÃO - Hoje não é dia de preocupação, filho, mas de alegria. Muitos invejam sua sorte: será adotado pela filha de Faraó!
MOISÉS - Mas bem sabem que eu não gostaria de separar-me de vocês.
JOQUEBEDE - Também o amamos muito, querido. Mas esta é a vontade de Deus. Deve instruir-se. Você ainda será um homem muito importante, eu sei!
MOISÉS - Também sinto que esta é a vontade do Senhor. *(À boca de cena.)* Amo o meu povo e também a esta terra. Sinto que preciso fazer algo por esta gente tão sofrida, esses que cultuam o grande rio Nilo esquecendo-se que devemos culto somente a Deus.
JOQUEBEDE - Gosto de ouvi-lo falar assim, filho.
MOISÉS, *tomando entre as suas as mãos da mãe, as aproxima do seu rosto* - Obrigado, minha mãe. Logo aprenderei a cultura dos sábios do Egito, mas nunca esquecerei o que você me ensinou a respeito de Deus.

Entram as demais personagens, inclusive Termútis, trazendo ramos de flores que distribuem também entre Moisés e sua família.

JASMIM, *à boca de cena* - E assim a princesa Termútis adotou o jovem Moisés, iniciando-o na vida da corte.
TERMÚTIS, *perto de Jasmim* - A princesa Termútis foi apenas mais um dos instrumentos utilizados por Deus para fazer cumprir sua vontade.

YANAROS, *perto de Jasmim e Termútis* – E Moisés tornou-se um importante homem.

MIRIAM, *indo à frente* – Um grande legislador, o libertador dos israelitas.

MOISÉS, *indo à frente* – O poeta e valente guerreiro Moisés.

JOQUEBEDE, *juntando-se aos demais* – O líder de um povo, aquele que falou com Deus em meio à sarça ardente.

ANRÃO, *juntando-se ao grupo* – Moisés, exemplo de uma fé tão grandiosa, capaz de inúmeros prodígios como fazer abrir-se em dois o mar Vermelho.

TODOS, *sorrindo* – Moisés, filho de Joquebede, uma mulher comum. Uma mulher que confiou em Deus!

Terminada a representação, saem entre a platéia, distribuindo as flores para as mães e desejando-lhes com alegria um feliz Dia das Mães.

Mãe/muralha

(Para o dia das mães.)

Peça em 1 ato

PERSONAGENS

LAURA, a mãe
JOSÉ, esposo de Laura
EUNICE, a amiga
BEATRIZ, filha de Laura, aproximadamente 17 anos
RAFAEL, filho de Laura, adolescente, aproximadamente 13 anos

CENÁRIO – Uma sala de residência.
INDUMENTÁRIAS – Da época atual.

Ao começar a peça, Laura estará em cena, arrumando flores numa jarra, ao mesmo tempo em que cantarola suavemente um hino. Após algum tempo, entra José que a abraça pelos ombros.

JOSÉ, *sorridente* – Mas que hino bonito, hein? E você, querida, está cada vez mais bonita... e alegre.

LAURA, *feliz* – Não creio que eu seja bonita; isso não. Mas alegre, sim. Tenho razões de sobra para ser feliz.

JOSÉ – Hum... e que razões são essas?

LAURA, *soltando-se do abraço e fingindo-se zangada* – Não vou dizer nada! (*Pausa.*) Ah! está bem, eu já sei que você gosta que eu repita: sou feliz porque Deus o escolheu para meu esposo, feliz por nossos filhos, por nosso lar, nossa igreja...

JOSÉ, *tomando as mãos da esposa e beijando-as comovido* – Obrigado, Laura. (*Batem à porta, Laura vai atender e volta acompanhada de Eunice.*)

EUNICE, *triste* – Tudo bem, José?

JOSÉ – Tudo bem, sim. Mas você parece preocupada.

LAURA – Aposto que está preocupada com alguma causa importante.

EUNICE – Quem dera! O pior é que estou me sentindo um "trapo", justamente por não ter uma causa importante pela qual lutar.

JOSÉ – Mas você está sempre lutando, Eunice. Ano passado esteve fazendo a campanha de adoção...

LAURA – Sim e na semana passada falou-me dos planos para uma feirinha comunitária no bairro...

EUNICE – Tem razão, está tudo correndo bem. Os moradores demonstram interesse, mas...

JOSÉ – mas...

EUNICE – Sei lá. Acho tão pouco isso... A crise mundial exige muito mais. Tenho feito pouquíssimo.

LAURA, *abraçando a amiga* – Você já faz tudo o que pode, querida. Achei excelente o debate que organizou na televisão sobre as crianças abandonadas e a necessidade que têm de verdadeiros lares.

EUNICE – Muitas palavras, mas poucos resultados, Laura. As pessoas parecem não se conscientizarem nunca!

JOSÉ – Você está desanimada?

EUNICE – Eu? (*Como tomando consciência da necessidade de animar-se.*) Não. Claro que não!

BEATRIZ, *entrando* – Querida Eunice, sempre sobrecarregada de preocupações...

EUNICE, *beijando a jovem no rosto* – Como vai, Beatriz? Sabem, eu não consigo mesmo deixar de preocupar-me... (*Em boca de cena, entusiasmada.*) Vocês viram na tevê aquelas mulheres na Inglaterra, acampadas dia e noite, anos seguidos, contra os mísseis? Aquilo sim, é luta de fato. Deixaram os próprios lares para lutar pelo país, contra as guerras nucleares. Senti-me uma "formiga" com os meus pequenos debates e feirinhas comunitárias. Elas sim, formam uma verdadeira muralha.

LAURA, *sorrindo* – Tolinha, tolinha... Se estamos conscientes, todos somos muralhas onde Deus nos colocou.

JOSÉ, *para a esposa* – Você, Laura, dirigindo nosso lar e cuidando dos nossos filhos, forma também uma grande muralha contra o mal.

BEATRIZ – Sim, mãezinha. Você é mais corajosa do que as mulheres contra os mísseis, muito mais.

EUNICE, *alegre* – Ora, vejam que grande descoberta nós fizemos, hein? As mães são muralhas. Fortalezas invisíveis contra o mal.

LAURA, *feliz* – Minha amiga revolucionária... obrigada, sim? Mas Beatriz, onde está o Rafael, afinal?

RAFAEL, *entra pela porta que dá para a rua, gritando alegremente* – Mãe! Mãe!... (*Vendo que há visitas.*) Olá, Eunice, tudo certo?

LAURA – Eu estava justamente perguntando por você, filho. Mas que correria é esta?

RAFAEL – Precisamos ir logo ao culto. Convidei uns amigos para assistir ao programa especial do Dia das Mães em nossa igreja.

EUNICE – É mesmo... Hoje é o Dia das Mães; nem me lembrava...

LAURA – Então seus amigos irão ao culto conosco? Mas que ótimo!

RAFAEL – Mamãe, você precisava ver!

LAURA – Ver o quê?

RAFAEL – Eu estava com uns rapazes que conheci ontem na lanchonete, e um deles resolveu tirar um cigarro para fumar.

JOSÉ – E então?

RAFAEL – Aí o Cláudio e o Alexandre pediram um também. O Lúcio resolveu aproveitar e me oferecer...

JOSÉ – Você aceitou?

RAFAEL – Claro que não, pai. Eu disse que não aceitava, porque era crente.

BEATRIZ – E depois?

RAFAEL – Eu aproveitei para dizer-lhes daquele versículo que lemos ontem à noite, lembra-se, mamãe? Ainda bem que eu o aprendi: "Não sabeis vós que sois o templo de Deus, e que o Espírito de Deus habita em vós?"

LAURA – E o que eles acharam?

RAFAEL – Puxa, eles ficaram super interessados! Guardaram os cigarros e ouviram com a maior atenção.

JOSÉ – E você ainda os convidou para o culto...

RAFAEL, *rindo, alegre* – Não perdi tempo! E eles aceitaram!... Não é ótimo?

EUNICE – Feliz Dia das Mães, Laura!

JOSÉ – Vamos logo então para o culto, gente. Temos razões de sobra, como diz a Laura, de cultuarmos o nosso grande Deus. Você irá também, não é, Eunice?

EUNICE, *indecisa* – Não sei, eu...

BEATRIZ – Irá sim! Vamos pedir a Deus direção para o seu trabalho com a feirinha comunitária... e para que as famílias adotem muitas crianças carentes.

EUNICE, *sorrindo* – Tem razão. O melhor meio de lutar é pedir forças a Deus.

LAURA – Vamos orar, então. Agradeçamos a Deus por Eunice e pelos amigos de Rafael que nos acompanharão ao culto. Você ora, minha filha.

BEATRIZ, *ora* – "Senhor, nós te louvamos pela imensidão do teu amor para conosco. Agradecemos por essas pessoas que irão alegrar-se junto a nós no culto do Dia das Mães. Oh! Senhor, obrigada por mamãe, a muralha que escolheste para o nosso lar. Nós sabemos que, através da orientação que recebemos dela, muitos poderão conhecer Jesus, teu Filho amado. Abençoa-nos, assim como a todos que estarão hoje em nossa igreja, em nome de Jesus! Amém."

RAFAEL – Vamos?... Meus amigos ficaram de nos esperar em frente à lanchonete.

LAURA, *abraçando Beatriz e Rafael* – Sim, vamos. Vamos logo. *(Viram-se todos de costas e dão dois passos, como se fossem sair, e, em seguida, viram-se de frente outra vez, rapidamente, soltando-se alegremente pelo espaço cênico, dirigindo-se aos assistentes.)*

TODOS – Mães, muralhas desta igreja!

LAURA – Que o nosso Deus sempre seja com todas vocês,

JOSÉ – na luta constante de cada dia, diante das preocupações,

RAFAEL – e nos momentos felizes, em que a doce alegria...

BEATRIZ – ... faz transbordar os corações!

EUNICE – Mulheres, muralhas, mães!

LAURA – Deus entregou esta luta a cada uma de vocês, sabendo que seriam vencedoras.

JOSÉ – Em Cristo, lutadoras, a vitória é sempre garantida.

TODOS – Mães, muralhas desta igreja!

RAFAEL – Valentes guerreiras à porta dos lares,

BEATRIZ – com as armas da fé e do amor, na batalha de educar.

TODOS, *de mãos para o alto, como se abençoando as mães* – Que o nosso Deus sempre seja com todas vocês!

Hino especial.

A noite da verdade

(Para o dia dos pais.)

Peça em 1 ato

PERSONAGENS

PAULO, o pai
ETEL, a mãe
MARCOS, o filho

CENÁRIO – Uma sala de residência.
INDUMENTÁRIAS – Comuns, da época atual.
ACESSÓRIOS – Uma Bíblia, óculos, algodão, e mercúrio para um curativo.

No início da peça Paulo está em cena, sentado, lendo a sua Bíblia e fazendo algumas anotações. Em seguida entra Etel.

ETEL – Vou servir o jantar daqui a pouco, Paulo.
PAULO – Está bem, estou quase terminando este esboço.

ETEL – Você irá pregar amanhã, à noite?

PAULO – Não, pela manhã, no programa especial para o Dia dos Pais.

(Etel parece entristecer-se e anda de um lado para outro. Paulo percebe seu nervosismo, levanta-se e, em boca de cena, passa o braço ao redor dos ombros da esposa.)

PAULO – E então, Etel, o que há?

ETEL – Penso o quanto deve ser difícil, para você falar aos pais de nossa igreja tendo um filho tão... problemático.

PAULO – Você tem razão. Só mesmo pela infinita misericórdia de Deus.

ETEL – Marcos me preocupa, saindo com aquela sua turma onde não há um só rapaz ajuizado.

MARCOS, *entrando* – Aposto que estão falando a meu respeito.

PAULO – Você sabe que temos razões de sobra para ficarmos preocupados com você.

MARCOS, *rindo* – Ora, meu pai, é que hoje em dia já não fazemos programas tão ingênuos quanto os de sua época!

PAULO – E o que fazem então? Fumar, beber, depredar tudo como verdadeiros vândalos? Diga-me, Marcos, o que fez de seus estudos?

MARCOS – Mamãe ainda não lhe disse? Tranquei a matrícula.

PAULO – E por quê?

MARCOS, *sem jeito* – Porque... sei lá, acho que ainda não estou bem certo se a medicina é mesmo uma boa carreira.

PAULO – E o que vai fazer de sua vida?

MARCOS – Aproveitá-la, meu pai, da melhor maneira possível.

ETEL – Bem, eu vou cuidar do jantar. (*Sai.*)

MARCOS – Eu já estou de saída. O pessoal está à minha espera.

PAULO – Você irá a igreja amanhã, Marcos?

MARCOS, *reprimindo o riso* – Igreja!... Bem... pode ser, se eu não estiver com muito sono.

PAULO – Cuidado, filho. Os caminhos que a juventude escolhe nem sempre são os melhores.

MARCOS, *revoltado* – Cuidado, cuidado! O senhor pensa que ainda sou um menino, pai? Sou um homem! Quer saber mais? Cuide de sua vida pacata de pregador de igreja e eu cuido da minha, entendeu? (*Sai.*)

PAULO, *sentando-se muito triste* – "Meu Deus, que situação difícil! Eu o entrego em tuas mãos, Senhor. Que o meu filho possa abrir os olhos para a verdade. Amém." (*Apagam-se as luzes e Paulo sai.*)

NARRAÇÃO – E Marcos foi juntar-se àqueles que considerava seus melhores amigos – os piores rapazes do bairro. Esquecido da família e da existência de Deus, divertia-se à larga, sem dar importância a mais nada que não fosse aquela noite que parecia feita para a festa e a alegria.

Ainda com as luzes apagadas: música especial. Em seguida, Marcos entra pela porta que dá para a rua, com o rosto parecendo ferido.

MARCOS, *gritando* – Meu pai! Por favor, papai, preciso falar-lhe! (*Acendem-se as luzes e Paulo entra pela porta dos fundos, trazendo os óculos e a Bíblia na mão.*)

PAULO – O que foi, Marcos? Mas o que aconteceu com o seu rosto?

MARCOS, *tocando o rosto ferido* – Creio que estou machucado. (*Nervoso.*) Puxa pai, foi horrível!

ETEL, *entrando* – O que houve, filho? (*Assusta-se.*) Mas você está ferido!...

MARCOS – Não se preocupe, mãe. Eu... acho que mereci o que aconteceu.

PAULO, *abraçando o filho* – E o que aconteceu, Marcos?

MARCOS – O senhor tinha razão, como sempre; tinha razão. Foi o seguinte: estávamos todos bebendo no bar e, de repente, começou uma discussão boba. Lúcio então resolveu sair quebrando tudo, copos, garrafas..., como louco. Creio que na confusão feriu gravemente o dono do bar. Alguém chamou a polícia e...

PAULO – ...E você conseguiu escapar, não foi?

MARCOS – Mas eu não tive culpa de nada!

ETEL – E como provar agora que não teve culpa?

MARCOS – Todos viram que foi o Lúcio quem começou tudo...

PAULO – Mas você estava junto e poderá ser incriminado também, não acha?

MARCOS, *meio amedrontado* – Não poderão provar nada contra mim.

ETEL – Eu vou buscar algo para fazer um curativo. (*Sai.*)

PAULO – Meu filho, um homem é reconhecido pelo que faz e pelas companhias com quem anda. Diante da lei, você terá de provar que está inocente e eu não poderei fazer nada.

MARCOS, *andando nervosamente de um lado para outro, como acuado* – Mas você é um homem muito respeitado. É um médico, pai!

PAULO – Ainda esta noite você não considerava tão importante ser um médico...

MARCOS – Eu estava errado, pai. O senhor me perdoa?

PAULO – É claro, Marcos. Mas ainda assim terá de prestar contas com a justiça, se andou agindo errado.

MARCOS – Estive errado andando em companhia deles. Agora sei quem realmente são.

PAULO – Acha que os rapazes da igreja, que você considera tão piegas, agiriam assim?

MARCOS – Não, sei que não. Eu... irei à igreja amanhã. Poderei pedir a minha reconciliação?

PAULO – Amanhã não teremos culto da igreja. É programa especial.

ETEL, *entrando com o material de curativo* – Amanhã é Dia dos Pais, Marcos.

MARCOS – Dia dos Pais? Puxa, eu tinha esquecido.

PAULO – Não importa, você já deu o presente: a sua decisão de mudar de vida.

ETEL, *limpando o rosto do filho* – Lembra-se de quando foi diretor de sociabilidade em nossa igreja, filho? Nunca esteve tão feliz como naquela época.

MARCOS, *fazendo uma careta de dor* – Cuidado, mãe, está doendo. Você acha que a mocidade me elegeria outra vez?

ETEL – Sei que ficarão alegres com a sua volta.

MARCOS, *nova careta* – Mãe, devagar, está doendo.

PAULO, *rindo* – Não reclame, Marcos. Você já não é mais menino, é um homem. Lembre-se!

MARCOS, *depois de submeter-se ao curativo, abraça o pai* – Tem razão, pai, eu sou um homem. (*Cena em estático: Pai e filho abraçados, e Etel rindo, ao lado, olhando o curativo no rosto de Marcos.*)

NARRAÇÃO – E no domingo, na festa do Dia dos Pais, Paulo falou animadamente do imenso amor de Deus e de quanto Ele ouve as orações de todos os pais que entregam os filhos em suas santas mãos. (*As três personagens movimentam-se e podem cantar uma música especial em homenagem aos pais.*)

A surpresa

(Para o dia dos pais.)

Peça em 1 ato

PERSONAGENS

ROBERTO, o pai
SARA, esposa de Roberto
DIOGO, filho do casal
RODRIGO, idem
FERNANDA, filha
LUCIANA, idem

OBSERVAÇÃO – A idade dos filhos variará de crianças a adolescentes, dependendo da escolha da direção de cena.
CENÁRIO – Uma sala bem simples de residência.
INDUMENTÁRIA – Roberto e Sara usarão roupas bastante simples, de gente pobre, da época atual. Os filhos

entrarão vestidos com túnicas e mantos, arrumados de modo bem criativo, porém utilizando tecidos simples. Uma outra idéia é a utilização de papel crepom.

Sara entra em cena e olha para o público como se estivesse olhando para uma estrada ao longe.

VOZ DE DIOGO, *de dentro* – Mãe, ele já vem?
SARA – Não, ainda não. Mas fique quietinho, sim?
VOZ DE FERNANDA, *de dentro* – Estou muito nervosa, mãe!... Não sei se o meu manto ficou legal...
SARA, *continuando a olhar a "estrada"* – Ai, ai, ai! fique calma, Fernanda! Pronto, lá vem ele. Fiquem bem quietos, hein?
ROBERTO, *chegando pela porta que dá para a rua, beija a esposa no rosto* – Tudo bem? Mas que silêncio é este? Onde estão as crianças?
SARA, *escondendo um sorriso* – As crianças? Ah! sim... devem estar dormindo.
ROBERTO – Dormindo, a esta hora? *(Faz como quem vai ver lá dentro.)*
SARA, *barrando-lhe o caminho* – De... Descanse um pouco. Vamos, sente-se! Como é que foi o seu dia?
ROBERTO, *sentando-se* – Estou mesmo muito cansado. O serviço está aumentando cada vez mais na fábrica. Imagine, trabalhar em dia de sábado até esta hora!
SARA – Ainda bem que amanhã poderá descansar...
ROBERTO – Que nada, preciso acordar cedo, pois não podemos perder a Escola Dominical.
SARA – É mesmo. E amanhã é um dia especial.
ROBERTO – Especial?
SARA – Sim, o Dia dos Pais. Esqueceu?
ROBERTO – É mesmo! *(Levanta-se, preocupado.)* Mas as crianças estão mesmo dormindo?...
SARA – Não. É que prepararam uma surpresa para você.
ROBERTO – Surpresa? *(Sem jeito.)* Mas que idéia...
SARA, *chama* – Crianças está na hora! *(Entram todos, vestindo cada um como a personagem que ensaiara.)*
TODOS – É para você, papai,
esta representação.

O presente mais bonito,
porque vem do coração.

LUCIANA – Eu quero ser como Lídia, que, tendo aceitado Jesus, colocou sua casa e a vida a serviço do Mestre.

RODRIGO – Quero ter sempre a coragem de Paulo, que jamais deixou de anunciar as boas-novas da salvação.

FERNANDA – Para com todos desejo ter um amor como o de Dorcas, que, com os pobres, tanto se preocupava.

DIOGO – Estudar sempre, papai, é o que eu mais quero; para assim, como Moisés, ficar bem preparado para o que Deus determinar.

TODOS – E feliz Dia dos Pais, papai querido!

LUCIANA – Desculpe se não temos presentes embrulhados em fita e papel.

RODRIGO – O que temos, é nosso desejo sincero de sermos sempre bons filhos.

FERNANDA – E cristãos de verdade!

DIOGO – Tão fiéis e corajosos como aqueles de que fala a Palavra de Deus.

TODOS – E que Deus o abençoe, papai! *(Roberto e Sara aplaudem, emocionados.)*

ROBERTO – Muito obrigado, filhos. Nenhum presente, por mais caro que fosse, teria tanto valor como este. Espero que nunca esqueçam este dia e que possam lembrá-lo sempre, por toda a vida...

LUCIANA – Lembrar a dedicação de Lídia,

RODRIGO – a coragem de Paulo,

FERNANDA – um amor como o de Dorcas,

DIOGO – a determinação de Moisés.

SARA, *para o esposo* – Gostou da surpresa?

ROBERTO – Muito. Estou feliz por vocês, meus filhos.

SARA – E nós por você, querido. Feliz Dia dos Pais!

TODOS, *sorrindo, dirigindo-se ao público* – Feliz Dia dos Pais! *(Terminando, cantam alegremente um hino apropriado ao dia.)*

O maior dos presentes

(Para o aniversário do pastor.)
Peça em 1 ato

PERSONAGENS

MEXICANO, rapaz com aparência de índio. Deve apresentar-se de calças escuras, camisa branca de mangas compridas. Trazer sobre um dos ombros um manto bem colorido, de preferência com grandes listras. Usar um bonito "sombrero".

PORTUGUESA, moça branca. Deve trajar-se com vestido escuro e avental branco bordado ou pintado. Xale de franjas nos cabelos. Uma bonita flor no decote do vestido. Xale bonito sobre os ombros. Sapatos fechados com meias brancas.

MARROQUINO, rapaz com aparência árabe. Deve apresentar-se de túnica à moda árabe e mantos fartos, jogados displicentemente sobre os ombros. Na cabeça um arranjo de panos como usam os beduínos. Cores bem vivas.

INDIANA, moça morena. Deve apresentar-se usando um sári improvisado com lençol estampado de cores bem alegres. Na testa, entre os olhos, um sinal pintado em cor viva, como usam os indianos.

AUSTRALIANO, rapaz louro. Deve vestir-se como importante executivo, com uma vistosa pasta.

AMAZONENSE, moça bem morena. Deve apresentar-se com uma túnica de comprimento até os joelhos, feita de saco de estopa, forrada em tecido mais leve. Costurar na túnica, de modo criativo, algumas contas coloridas. Descalça, usará num dos tornozelos um arranjo com uma tira de cor forte. Nos cabelos, passando pela fronte, uma tira da mesma cor, tendo por detrás da cabeça algumas penas bem coloridas.

CRISTÃ, moça. Deve apresentar-se com uma túnica branca, e, se desejar, poderá trazer uma flor branca nos cabelos. Descalça.

CENÁRIOS – Inexistentes.

OBSERVAÇÃO – As vozes ocultas poderão ser feitas por participantes do grupo, nos bastidores.

VOZ OCULTA FEMININA – Hoje o dia começa como todos os outros dias: os pássaros cantam para despertar a manhã..., as pessoas se dirigem ao trabalho..., as donas-de-casa despedem-se dos filhos que vão à escola...

VOZ OCULTA MASCULINA – Sim, tudo pareceria igual neste dia, se não fosse uma notícia alegre e muito especial.

VOZ OCULTA FEMININA – Atenção senhores e senhoras, rapazes e moças, adolescentes e crianças!

VOZ OCULTA MASCULINA – Temos agora uma notícia muito importante. Mas não pretendemos anunciar a mais recente descoberta científica dos Estados Unidos...

VOZ OCULTA FEMININA – Nem comentaremos a subida do dólar ou as guerras do Oriente Médio...

VOZ OCULTA MASCULINA – A nossa é uma notícia feliz e tão bonita que como um pássaro veloz já correu o mundo inteiro!

OS DOIS – Hoje é o dia do aniversário do pastor. *(Nome do pastor.)*

Música especial, bem animada.

MEXICANO, *entrando em cena de modo bem alegre* – Boa-noite! Eu estava hoje no meu país, o México, quando ouvi a notícia do aniversário do pastor desta igreja. Como ele é um grande amigo de todos, eu não poderia deixar de vir trazer-lhe os parabéns, em nome do meu povo. *(Sorri.)* O México é um dos países mais belos do mundo e sua principal característica é a hospitalidade. Temos em nossa terra muitas festas típicas, quando todo o povo dança e canta alegremente ao som dos inconfundíveis "mariachis". Do meu querido México, pastor, trago-lhe pois a alegria. *(Cumprimenta o pastor e sai.)*

PORTUGUESA, *entrando* – Sou uma das bordadeiras do Minho, em Portugal. Também ouvi a boa notícia e meu governo mandou-me representá-lo. O povo português é conhecido em todo o mundo como gente ordeira, sincera e trabalhadora. Os nossos vinhedos são lindíssimos! Nossa capital, Lisboa, fica na foz do rio Tejo e é um importante centro cultural. Em Portugal, pastor, a gente pode ver os mais belos pores-do-sol, e são os encantos naturais da minha terra que aqui lhe trago hoje, como presente. *(Cumprimenta o pastor e sai.)*

MARROQUINO, *entrando* – Situado a noroeste da África, está o Marrocos, a minha pátria. Lá tivemos a notícia de seu aniversário, pastor *(Nome.)* e aqui estou para falar da África, imensa, bela e riquíssima em culturas das mais variadas. Casablanca, uma das cidades de Marrocos, é importantíssimo centro turístico. Os árabes, que perfazem a maioria de nossa população, trabalham corajosamente na agricultura, enfrentando os rigores do nosso clima. Somos um povo que procura aprender sempre com a mãe-natureza. Gostamos muito da literatura e entre a nossa gente temos poetas conhecidos universalmente. A determinação do povo africano, pastor, é nosso presente. *(Cumprimenta o pastor e sai.)*

INDIANA, *entrando e se curvando à moda oriental, com as mãos postas sobre o peito* – Estou feliz por participar também desta festa. Meu nome é Jade-Vermelho e venho da Índia, o meu país, que fica ao sul da Ásia, o mais povoado dos continentes. Nossa população é formada de gente muito simples e pacata, mas de enorme sensibilidade. (*Sorri.*) Gandhi, ficou conhecido na história universal como o homem que lutou com as armas do amor, jamais usando a violência, para libertar o nosso povo. Da Índia milenar, pastor, trazemos o nosso amor. Felicidade, e que o sol brilhe sempre sobre a sua cabeça. (*Faz um cumprimento oriental e sai.*)

AUSTRALIANO, *entra empertigado, como um grande executivo* – A Austrália fica na Oceania, um continente formado por milhares e milhares de ilhas. Meu país é chamado também "a grande ilha" e temos muita facilidade em saber o que ocorre em todo o mundo, graças aos nossos eficientes e modernos meios de comunicação. A Austrália, de economia muito próspera, tem muitos homens de negócio, como eu. Somos os agentes de nosso constante progresso. A força de nosso país é o meu presente. *(Cumprimenta o pastor e sai.)*

Música especial, lembrando o Brasil

AMAZONENSE, *entrando* – Se a feliz notícia correu o mundo inteiro é claro que no Brasil ficamos também muito contentes. Venho representar o Amazonas, o maior estado do Brasil, maior mesmo que muitos países. É a terra dos maiores desafios da atualidade. O riomar e as florestas imensas, cheias dos mais variados animais e das mais lindas aves, formam grandes riquezas de nossa pátria. A Amazônia é uma canção tropical, mágica e misteriosa. Uma personalidade muito importante nos dias de hoje disse que ali está o "pulmão do mundo", pois sua área verde é de imenso valor. A exuberância das florestas brasileiras, pastor, não é um bonito presente? *(Cumprimenta o pastor e sai.)*

CRISTÃ, *entrando pela porta que dá para a rua* – Sou Maria, irmã de Marta e Lázaro, a família que Jesus tanto amou. Não trago presentes, pastor. Sei que o maior de todos os presentes o senhor já recebeu, que é a salvação em Cristo, o nosso grande Mestre. Venho apenas alegrar-me com esta igreja por ser o senhor o escolhido de Deus para aqui exercer o seu ministério. "O que adianta ganhar o mundo inteiro e perder a alma?" O senhor conhece esta grande verdade e tem feito o possível para torná-la conhecida de muitos. Louvado seja o Altíssimo por esta noite feliz de aniversário! Louvado seja Deus porque o pastor também escolheu a melhor parte, que nunca lhe será tirada. *(A esta altura entram todas as demais personagens e fazem um semicírculo na frente.)* Foi bom termos representadas aqui tantas nações. É uma boa oportunidade de fazer Jesus Cristo conhecido de todos os povos. Jesus é o presente que passa para a eternidade, e nossa alegria é sabermos que o pastor *(Nome.)* já o tem em seu coração.

TODOS, *alegremente, olhando para o pastor* – O Senhor te abençoe e te guarde. O Senhor faça resplandecer o seu rosto sobre ti e te dê a paz! *(Cantam todos um corinho especial, de forma bem alegre e animada.)*

O Livro mais importante

(Para o dia da Bíblia.)
Peça em 1 ato

PARTICIPANTES
Seis crianças

CENÁRIOS - Dispensáveis

ACESSÓRIOS - Cada um trará a letra correspondente ao seu versinho, desenhada de modo bem criativo em cartolina e colocada numa pequena vareta para que fique bastante visível na mão da criança, todas colocadas numa só altura. (À medida em que forem entrando, a palavra será formada.)

*B*rilhando mais que as estrelas
e o belo sol que enfeita o dia,
venho falar de um livro
que ao mundo só traz alegria!

*I*sto é só uma parte,
porque é mesmo verdade
que o livro de que falamos
traz também felicidade...

*B*asta que as criaturas
procurem logo conhecer
o livro mais importante
que a gente pode ter.

*L*ivro todinho inspirado
por Deus, que é amor e perdão.
É assim que o livro fala
nos enchendo o coração!

*I*menso amor, o de Deus,
que ao mundo ofereceu
seu Filho Jesus, muito amado,
que a vida eterna nos deu!

*A*h! mas será que ainda
ninguém pôde descobrir
o lindo nome do livro
que ao Céu pode conduzir?...

TODOS, *bem alto e alegremente* – É a BÍBLIA!...

Ao terminar, podem cantar um corinho apropriado ao dia.

O Prêmio

(Para o dia da Bíblia.)
Peça em 1 ato

PERSONAGENS

LÚCIO, o escritor
HELENA, irmã de Lúcio
SILAS, amigo de Lúcio
BETE, esposa de Silas

CENÁRIO – Uma sala de residência.
INDUMENTÁRIA – Da época atual.
ACESSÓRIOS – Um caderno, uma caneta e duas bíblias.

Lúcio está em cena, escrevendo num caderno. Após algum tempo entra Helena.

HELENA – Quer um cafezinho, mano?
LÚCIO, *sem levantar a cabeça* – Não Helena, agora não.
HELENA, *aproximando-se para ver o que ele está escre-*

vendo – Você não perde esta mania do manuscrito. Depois é um trabalho enorme para datilografar.

LÚCIO, *parando de escrever* – Você tem razão. Estou mesmo muito cansado.

HELENA – Então por que não escreve diretamente na máquina?

LÚCIO – Não consigo. A máquina deixa-me sem inspiração. Assim, com os manuscritos, posso cortar as palavras de que não gosto, inventar outras... (*Absorto, continua a escrever – Batem à porta. Helena vai atender e faz entrar Silas e Bete, que trazem uma Bíblia.)*

HELENA – Temos visitas, Lúcio. Os amigos Silas e Bete.

LÚCIO, *levantando-se para cumprimentá-los* – Que surpresa! Vamos, sentem-se! *(Sentam-se; Helena também.)*

SILAS – Não vamos demorar. Estamos indo para o culto.

BETE – Passamos apenas para uma visitinha rápida.

SILAS – Como é que vai indo seu novo romance?

LÚCIO, *sentando-se e olhando o caderno sobre a mesa, coça a cabeça desanimado* – As personagens são interessantes, mas eu estou muito cansado e desanimado. Totalmente desanimado.

BETE – Mas por quê? Você é um escritor conhecido; o público gosta do que escreve...

HELENA – É o que costumo dizer-lhe, mas Lúcio anda muito angustiado ultimamente e pensa que sua obra não tem valor.

SILAS – Que é isso, amigo? Você é um escritor que...

LÚCIO, *levantando-se revoltado, corta a frase de Silas* – Palavras, palavras!... Na verdade perco um tempo enorme e não creio que esteja ajudando de fato a ninguém e nem mesmo a mim. Nada vale a pena, nem mesmo viver.

HELENA, *levantando-se toca afetuosamente o braço do irmão* – Mas eu gosto tanto do que você escreve, mano. Por mim... *(Brinca, para aliviar a situação.)* você teria o próximo prêmio Nobel.

LÚCIO – Ora, Helena, no Brasil temos escritores muito melhores do que eu e mesmo esses nunca obtiveram o prêmio Nobel...

BETE – Ultimamente o prêmio tem sido dado a escritores cuja obra é infinitamente pessimista e conhecida de pouquíssimos.

SILAS, *levantando-se com a sua Bíblia* – Mas meu amigo, não desanime. Conheço escritores valorosos, que mudaram o curso da história, levaram almas para Deus e também não tiveram o prêmio Nobel.

LÚCIO, *surpreso* – Que escritores?

SILAS, *mostrando-lhe a Bíblia* – Os que escreveram este livro, o mais importante do mundo. *(Abre a Bíblia.)* Veja, por exemplo, as palavras de Jesus, neste texto tão significativo que Marcos teve o privilégio de registrar (Lê Marcos 13.24 a 31). *(Bete fica de pé para ouvir a leitura.)*

LÚCIO – Silas, por favor, deixe-me ler outra vez *(Silas entrega-lhe a Bíblia e Lúcio lê para si mesmo)* – Este texto fala da volta de Cristo?

BETE – Sim, e a volta do Mestre Jesus está muito próxima. Vocês não gostariam de aceitar a Cristo para serem também escolhidos naquele dia? Vamos orar, para que o Espírito Santo possa esclarecer melhor seus corações. Você ora, Silas.

SILAS – "Senhor, nós te louvamos porque mais uma vez as palavras registradas nas Santas Escrituras estabelecem uma ponte preciosíssima entre o homem e Cristo. Nós te pedimos, Pai, que, através das palavras que acabamos de ler neste livro, haja salvação nesta casa. Em nome do teu Filho Jesus é que oramos. Amém."

LÚCIO, *sensibilizado* – Silas, eu já li uma infinidade de livros e nunca encontrei alívio para a minha angústia. Nunca achei palavras de esperança real para a humanidade. Mas hoje vejo que um livro como a Bíblia pode mudar de fato a nossa vida. Eu... quero aceitar a Cristo. Meu coração deseja ardentemente a salvação.

BETE, *muito feliz* – Que alegria, Lúcio! E você, minha amiga?

HELENA – Eu também aceito Jesus. Não há outro caminho para o Céu.

SILAS – Mais uma vez se cumpre a vontade de Deus. Estou realmente muito feliz!

BETE, *alegremente* - Iremos todos então ao culto desta noite. Vocês são nossos convidados muito especiais.

SILAS - E hoje o culto é festivo; comemoramos o dia da Bíblia.

LÚCIO, *com suave sorriso* - O livro que não ganhou o prêmio Nobel...

BETE - Mas já levou multidões incontáveis à presença de Deus!

HELENA, *apanhando o caderno sobre a mesa* - Bem, vamos então guardar o seu material de trabalho, meu irmão: agora vamos à igreja.

LÚCIO - Sim, retomarei o trabalho depois, quando voltarmos... quem sabe com novos rumos para os meus livros.

SILAS, *sorrindo* - Você terá novos rumos, amigo, com certeza.

LÚCIO, *pensativo* - Helena, traga aquela Bíblia que era de mamãe. *(Sorridente, Helena sai com o caderno.)*

BETE - Helena parece feliz, e você também, Lúcio.

LÚCIO - Sinto-me como se tivesse acabado de nascer.

HELENA, *voltando traz a Bíblia* - Aqui está: vamos levála para o culto. *(Em boca de cena.)* Nós jamais usamos esta Bíblia... Se mamãe fosse viva, estaria muito feliz com a nossa decisão. Ela era uma crente fiel e sei que sempre orou por nós.

SILAS - Vamos?

TODOS, *sorridentes, dirigem-se à platéia* - Para o culto; e viva o Dia da Bíblia!

Música especial.

Um anjo na prisão

(Evangelismo.)
Peça em 1 ato

PERSONAGENS

PEDRO
ANDRÉ
JOÃO MARCOS
MARIA
RODE
CÁSSIA

CENÁRIO – Uma sala rústica. Usar o mínimo possível de adereços, podendo colocar, estendida no alto, uma rede de pescar.

INDUMENTÁRIA – Mantos e túnicas simples, mas de colorido alegre. Todos usarão sandálias rústicas.

ACESSÓRIOS – Panos e agulhas para bordar, um caneco de barro.

Inicialmente estarão em cena Maria e Rode, bordando. Repentinamente, Maria larga o trabalho e levanta-se, olhando ao longe.

RODE, *percebendo a inquietação de Maria* – O que há, senhora?

MARIA – O sol logo se estará pondo e João Marcos, meu filho, está demorando. Temo que viaje por esses caminhos à noite.

RODE, *levantando-se com o seu bordado nas mãos, vem para perto de Maria* – Não se preocupe, ele logo estará aqui.

MARIA – Obrigada, minha amiga. Suas palavras me tranqüilizam.

RODE, *sem jeito* – Sabe, senhora, eu a considero muitíssimo. Tem sido muito bondosa para mim, que não passo de uma escrava. Os demais não tratam assim os empregados.

MARIA – São os que não conhecem o amor de Jesus Cristo, Rode. Um cristão desconhece barreiras sociais. Eu só preciso dos seus serviços por encontrar-me cansada e meio doente. Creia que eu a amo como a uma filha.

RODE, *abraçando Maria* – Oh! muito obrigada!

CÁSSIA, *entrando nervosamente* – A paz seja com as irmãs. É bom encontrá-las alegres, só assim esquecerei o quanto estou nervosa.

MARIA – Mas o que houve, Cássia? Sente-se e desabafe.

CÁSSIA, *sentando-se, coloca as mãos na fronte e baixa a cabeça, com tristeza* – Eu não gostaria de preocupar vocês, mas acontece que não agüento mais!

RODE – Conte conosco senhora. Somos suas amigas.

CÁSSIA – Trata-se de Pedro.

MARIA – Pedro?! Mas o que aconteceu ao seu marido, boa irmã?

CÁSSIA, *levantando-se agitadamente* – Saiu desde ontem a noite e até agora não regressou. Eu... temo por sua vida. Tenho medo que aconteça com ele o mesmo que aconteceu a Tiago.

MARIA – Ora, acalme-se, Cássia. Rode, querida, traga-lhe um pouco de chá. Logo se sentirá melhor. (*Rode sai.*)

Assim que João Marcos chegar pedirei que saia para procurar o irmão Pedro. (*Rode volta trazendo um caneco de barro. Cássia bebe, agradecendo.*)

RODE – Eu não sei se deveria falar nisso mas o que acontece é que todos nós corremos perigo agora.

MARIA, *triste* – Herodes nos odeia. Por isso mandou que matassem Tiago. O rei pensava que a morte do Mestre Jesus fosse o fim de tudo (*Ri.*) mas ele está muito enganado. Continuaremos levando esta mensagem, quer ele queira quer não.

RODE, *alegre* – Mas é claro! Que importa o perigo da morte se Jesus nos oferece a vida eterna?

CÁSSIA, *esboçando um pequeno sorriso* – Rode... não é sem motivo que o seu nome significa rosa. Você tem sempre palavras com perfume.

MARIA – Veja, Cássia, que belos bordados estamos fazendo. (*Pega o seu bordado e mostra a Cássia.*) Este aqui tem o desenho de um lindo cisne. (*Música dramática enquanto João Marcos e André entram apressadamente pela porta que dá para a rua.*)

MARIA, *vendo a expressão de terror de João Marcos* – Filho, o que aconteceu?

MARCOS, *constrangido ao ver Cássia* – Irmã Cássia, eu não sabia que estava aqui e...

CÁSSIA, *nervosa* – O que houve, João Marcos? Fale, por favor!

ANDRÉ – Temos más notícias de Pedro, irmã. Ele... bem, ele foi preso pelos guardas de Herodes.

CÁSSIA, *desesperada* – Oh! meu Deus, meu Deus! Quando foi isso?

MARCOS – Ontem à noite. Tivemos notícias através de Filipe, que ouviu contar na cidade.

CÁSSIA – E agora, meus irmãos?... Ah! quantas vezes cansei de avisar-lhe que precisava dominar aquele seu gênio audacioso...

ANDRÉ – Pedro não mudará nunca, Cássia. Ele é tão indomável como o mar bravio.

MARCOS – Mas todos o amamos e tememos por ele. Sabem, creio mesmo que o cristão deve ser acima de tudo cheio de audácia. O cristão é um forte e Pedro dá provas disso não temendo as autoridades.

MARIA – Agora não podemos fazer mais nada a não ser orar. Nossa única arma contra Herodes é a oração.

ANDRÉ – Concordo contigo, Maria. Sei que Deus nos ouvirá. Só Ele poderá libertar o nosso irmão Pedro.

CÁSSIA – Mas como?!... Herodes tem tantos guardas... suas prisões são verdadeiras fortalezas. Ninguém jamais escapou de uma delas!

ANDRÉ, *falando com energia e sacudindo os ombros de Cássia* – Você está perdendo a fé, Cássia?! Por acaso esqueceu que o nosso Mestre venceu a morte, o que parecia totalmente impossível para os homens?

MARIA – Sim, Cássia, e não podemos esquecer que hoje Jesus está vivo e reina! Lembre-se do dia maravilhoso em que apareceu a todos nós?

JOÃO MARCOS – O que acontece é que nós ficamos acostumados com as grandes bênçãos. Cássia, você sabe que Cristo apareceu até mesmo a Pedro, junto ao mar de Tiberíades...

CÁSSIA, *reanimando-se* – Eu me lembro... foi quando Jesus fez com que as redes quase se rompessem, de tantos peixes! (*Sorri.*) Oh! meus amados, eu creio que Pedro será liberto. O Mestre não o deixará só.

RODE – Ele nunca deixará sozinho quem confie nas suas palavras. A maldade de Herodes é da terra e nós somos herdeiros do Céu.

MARIA – Tiago herdou o Céu, a glória de Deus. Mas algo me diz que Pedro ainda ficará conosco por muito tempo.

ANDRÉ – Vamos orar, irmãos. Filipe e os demais também devem estar orando a esta hora. Não adianta ficarmos tristes como aqueles do caminho de Emaús.

CÁSSIA, *lembrando-se* – O Mestre lhes disse: "Que palavras são essas que trocais no caminho e por que estais tristes?" Não, eu não ficarei mais triste. Vamos, vamos orar! (*Ajoelham-se todos.*)

JOÃO MARCOS – "Deus maravilhoso, louvado seja o teu nome! Eis aqui os teus servos suplicando pela vida do irmão Pedro. Nós sabemos que Herodes tem consigo todo o poder do mal, mas também confiamos que tu podes, Pai, livrar Pedro de tamanha maldade. Faze isso em nome de Jesus!"

MARIA – "Senhor, tu que fundaste os céus e a terra, e cuja sabedoria excede a todo entendimento, envia teus anjos para aquela prisão!"

RODE – "Oh! Deus de infinita misericórdia, que o irmão Pedro seja liberto daquele lugar horrível!..."

ANDRÉ – "Ainda na tua infinita presença, ó Deus, eu peço por Pedro, a quem tanto amamos."

CÁSSIA – "Glorificado seja o teu santo nome, Senhor! Eis que os teus servos confiam na tua proteção e teu ilimitado poder. Em nome de Cristo Jesus nós pedimos. Amém!" (*Levantam-se e, após ligeira música, alguém bate à porta. Rode levanta-se para atender e volta tão alegre que mal pode falar, atropelando as palavras.*)

RODE – Meus irmãos... é... sim, é Pedro, o nosso bom irmão. Ele... ele voltou! (*Música mais forte.*)

MARIA – Tem certeza, Rode? Não podemos abrir a porta para estranhos e você pode estar enganada.

RODE, *quase transtornada pela alegria* – Oh! mas eu sei que é ele!... Ouvi sua voz, é Pedro, sim!

CÁSSIA – Oh! meu Deus, que alegria! Vá abrir a porta, então, depressa, Rode! (*Rode vai abrir a porta e volta, acompanhada de Pedro que aparenta cansaço e tem as vestes meio sujas e rasgadas.*)

CÁSSIA, *correndo e abraçando-o* – Pedro, Pedro, finalmente!...

MARCOS, *falando alto, por causa da alegria* – É você mesmo, meu irmão! Venha descansar um pouco. (*Mostra-lhe um banco.*)

PEDRO, *fazendo sinal para que falem baixo* – Não, não posso demorar-me. Os guardas devem andar à minha procura.

ANDRÉ – Mas como conseguiu escapar, Pedro?

PEDRO – Posso contar-lhes porque sei que oravam por mim e acreditam no que é capaz o nosso poderoso Deus. Eu estava muito cansado e, mesmo preso com pesadas correntes, adormeci, enquanto os soldados vigiavam, mas eis que de repente... oh! meus irmãos, parecia impossível! (*Faz uma pausa e sorri.*)

RODE, *ansiosa* – Conte, Pedro, e então?

PEDRO – Apareceu um anjo do Senhor!

CÁSSIA, *muito alegre* – Um anjo?... Como era ele Pedro?

PEDRO – Havia um brilho enorme à sua volta e as suas roupas, de mil cores, brilhavam mais que sol, mais do que os relâmpagos cortando o céu.

MARIA – Viram?... O Senhor mandou seu anjo!

MARCOS – É como dizem as Escrituras: "O anjo do Senhor acampa-se ao redor dos que o temem e os livra".

PEDRO – E aconteceu mesmo assim. Com uma voz que parecia uma música, o anjo ordenou que eu atasse as minhas alparcas e então percebi que as correntes de ferro já não me prendiam mais. Tomei rapidamente a minha capa e o segui. Creiam, tudo parecia uma visão.

RODE – E depois, como você conseguiu sair sem que os espias vissem?

PEDRO – A luz que resplandecia em torno do anjo era tamanha que cegou os guardas. A porta principal abriu-se milagrosamente, por si mesma, sem que fosse preciso tocá-la.

CÁSSIA – O poder de Deus abre mesmo todas as portas.

PEDRO – Quando havíamos percorrido a rua, olhei para o lado e o anjo tinha desaparecido.

ANDRÉ – E agora, o que vai fazer?

PEDRO – Vou para Cesaréia hoje mesmo. Mas não se preocupem: o mesmo Deus que me livrou de Herodes, estará continuamente comigo.

MARIA – Sim, nós temos a certeza. Mas sentiremos sua falta.

PEDRO, *em boca de cena dirige-se ao público* – Há muito o que fazer, amados. A obra deve continuar e só depende de nós.

MARIA – Rode, traga-lhe pão e frutas. Preisa alimentar-se antes de sair. Terá uma longa caminhada.

PEDRO – Não, obrigado, Maria. Comerei algo pelo caminho. Além do mais, a minha alegria é tanta que nem mesmo tenho fome. Sabem? Eu continuo disposto a levar adiante as boas-novas de salvação. Até breve, irmãos, e que o Senhor esteja nesta casa! (*Faz um aceno para todos, elevando a mão ao alto.*)

CÁSSIA – Ficaremos aqui orando sempre por você, Pedro, e fazendo o que nos cabe no trabalho de Deus. Até breve. *(Pedro se despede e vai. Após a sua saída, cada um faz um movimento como caminhando cada qual por uma direção oposta. Acenando e sorrindo: Quadro estático.)*

TODOS – Até breve, irmão, pois há mesmo muito o que fazer. A mensagem do Senhor Jesus precisa ser espalhada, logo! (*Música especial. Os componentes movimentam-se e saem.*)

No caminho de Emaús

(Para evangelismo e Páscoa.)
Peça em 1 ato

PERSONAGENS

MADALENA
SALOMÉ
PEDRO
TIAGO
CLEOFAS
CÁSSIO
VOZ DE NARRADOR

CENÁRIOS – Imagináveis
INDUMENTÁRIA – Simples, como na época do início do cristianismo. Descalços.
ACESSÓRIO – Um jarro rústico, para Madalena.

Entram pela porta dos fundos: Madalena, Maria e Salomé. A primeira com um jarro rústico.

MARIA – E então, Madalena, conseguiu os aromas?

MADALENA – Sim, são os bálsamos mais perfumados... Feliz foi aquela mulher que pôde usar os perfumes para ungir a Jesus quando ainda estava vivo.

SALOMÉ – Está muito de madrugada, não acham?

MARIA – Mas temos de ir agora. Quando o dia clarear os guardas estarão à espreita.

SALOMÉ – Estamos sendo agora mais vigiadas do que nunca.

MADALENA, *com ousadia* – E o que importa? Nem os soldados de Herodes poderão deter nossos passos!

MARIA – Gosto de ouvi-la falando com tanta coragem, Madalena.

SALOMÉ – Confesso que a mim também suas palavras dão maior ânimo.

MADALENA, *ainda resoluta* – Não podemos ficar chorando todo o tempo como quando assistíamos à crucificação de Cristo. Agora é tempo de agir.

SALOMÉ, *indecisa* – Como abriremos o sepulcro? O túmulo foi cavado numa rocha e colocaram uma grande pedra à entrada...

MADALENA – Não sei como faremos. Mas algo me diz que devemos ir.

MARIA – Pois vamos, então. Não há tempo a perder. *(Saem as três pela porta da igreja que dá para a rua. Em seguida, Pedro e Tiago entram pela porta dos fundos.)*

TIAGO, *vendo que Pedro parece agitado, andando de lá para cá* – Pedro, bom irmão, tente acalmar-se.

PEDRO, *nervoso* – Acalmar-me, Tiago? Estamos vivendo os nossos piores momentos!

TIAGO, *cordato* – É certo que temos saudade do Mestre Jesus, mas não podemos desanimar.

PEDRO, *em boca de cena* – Revolta-me pensar que nada pudemos fazer para evitar que o crucificassem. E...

TIAGO, *cortando com energia* – Pedro você não sabe que convinha que o Cristo fosse morto na cruz? Era plano divino!

PEDRO, *muito angustiado* – Eu não sei... não sei. *(Toca com as duas mãos os ombros de Tiago, sacudindo-o.)*

Diga-me, Tiago, até quando poderemos suportar a falta do Mestre entre nós? *(Solta-o.)* Até quando poderei suportar a dor de não vê-lo mais... nunca mais?!

TIAGO, *desconversando, para aliviar a tensão* – As mulheres estiveram aqui e deixaram pão. Você precisa alimentar-se.

PEDRO – Não, eu não quero nada. *(Como voltando à realidade.)* Para onde elas foram, Tiago?

TIAGO – Creio que ao sepulcro, ungir o corpo.

PEDRO – Mas que loucura! Os guardas de Herodes estão espalhados por todos os lugares! *(Entram as três mulheres pela porta da rua. Madalena vem à frente.)*

MADALENA, *gritando como louca, muito alegre* – Pedro, Tiago, oh! que alegria, irmãos!

PEDRO, *já em centro de cena com Tiago* – Mas o que houve, por que estão assim transtornadas?

MARIA, *muito feliz* – Pedro, Pedro... o nosso Mestre ressuscitou!

PEDRO E TIAGO – Ressuscitou?!...

SALOMÉ – Sim, fomos ao sepulcro e nada encontramos. *(Dirigindo-se ao público.)* Ele vive, irmãos, o nosso Jesus, vive para sempre!

TIAGO, *muito alegre* – Mas e vocês o viram, depois?

MADALENA – Sim, eu o vi. A princípio eu o confundi com um jardineiro, mas quando Ele me falou... Oh! Tiago, era Jesus!

SALOMÉ – O anjo que nos anunciou que ele não estava mais entre os mortos tinha as vestes mais brilhantes que o sol, mais do que mil relâmpagos!

PEDRO, *olhando para o céu* – Deus Altíssimo, que grande alegria! Meus irmãos, eu vou também até lá, agora! *(Quadro estático: Pedro e Tiago como se caminhassem decididamente. As mulheres abraçadas, sorrindo. Apagam-se as luzes e saem todos de cena. Em seguida, voltam a se acenderem as luzes. Entram Cleofas e Cássio, por uma das portas laterais. Em centro de cena começam a caminhar vagarosamente de um lado para outro.)*

CÁSSIO, *ainda preocupado* – Cleofas, mesmo depois que as mulheres trouxeram a notícia?

CLEOFAS, *triste* – Elas estavam apenas maravilhadas. Eu não sei se devemos acreditar.

VOZ OCULTA, *vibrante* – "Que palavras são essas que caminhando trocais entre vós, e por que estais tristes?"

CLEOFAS, *dirigindo-se a alguém invisível a seu lado* – Não sabes, peregrino, as coisas que têm acontecido nestes dias?

VOZ OCULTA – "Quais?"

CÁSSIO, *dirigindo-se para o mesmo lado* – Condenaram Jesus, o Nazareno, à crucificação e hoje já é o terceiro dia de sua morte.

CLEOFAS – Umas mulheres dizem tê-lo visto, porém nós não o vimos, e...

VOZ OCULTA – "Ó néscios e tardos de coração para crer tudo o que os profetas disseram!"

CÁSSIO – Peregrino, fica conosco porque já declinou o dia. Entremos para repartir o pão. *(Saem os dois pela porta dos fundos e, em seguida, entram, por uma lateral, Pedro, Tiago e as três mulheres, conversando em voz inaudível, porém, alegremente. Após um tempo, em que poderá estar sendo tocada uma música suave, tornam a entrar Cássio e Cleofas, apressadamente, quase ofegantes pelo cansaço.)*

CLEOFAS, *muito feliz* – Irmãos, meus irmãos, nós o vimos!

MARIA, *sorrindo* – E agora, crêem?...

CÁSSIO, *feliz* – Ele nos apareceu no Caminho de Emaús.

CLEOFAS – Pensávamos que era um peregrino, mas depois o reconhecemos, ao repartir o pão.

CÁSSIO – Antes, no caminho, era como se os nossos olhos estivessem fechados.

CLEOFAS – Mas já nos ardia o coração quando nos falava das Escrituras!

PEDRO – Eu também tive a infinita graça de vê-lo com os meus próprios olhos! Regozijemo-nos, amados; o Mestre ressuscitou!

MADALENA, *em boca de cena, para o público* – Alegria, irmãos. Jesus de Nazaré venceu a morte para sempre!

TIAGO, *para o público* – Logo, todos "nós somos mais do que vencedores por aquele que nos amou!"

SALOMÉ - Não fiquemos tristes, como no caminho de Emaús...

CLEOFAS - Agora, o nosso caminho é alegre, muito alegre!

TODOS, *animadamente* - É a estrada feliz que conduz aos céus, à vida eterna: Jesus Cristo! *(Cantam, em seguida, um corinho apropriado, bem alegre. Depois, sob a música especial, saem pela igreja abraçando e cumprimentando a todos, principalmente aos visitantes.)*

Ele viu os céus abertos

(Evangelismo.)
Peça em 1 ato

PERSONAGENS

ESTÊVÃO
PEDRO
FILIPE
MULHER DE PEDRO
SUSANA
MARÚCIA
TESTEMUNHA I
TESTEMUNHA II
TESTEMUNHA III

OBSERVAÇÃO – A narração poderá ser feita por um dos componentes que não esteja em cena.
INDUMENTÁRIA – As personagens cristãs usarão roupas

bem simples criadas com o material disponível. As testemunhas, se o grupo achar conveniente, poderão usar capuzes, como máscaras, cobrindo todo o rosto. As roupas serão também túnicas e mantos. (Ter o cuidado de não repetir muito as cores para não ficar monótono.)

CENÁRIOS – Mesa e bancos toscos. A cena do apedrejamento de Estêvão poderá ser feita em outro ângulo de cena, como por exemplo na galeria, onde costuma ficar o coral ou em outro espaço próximo do cenário da "casa" dos cristãos.

ACESSÓRIOS – Um pão redondo. Canecos rústicos.

Começando a peça, estarão em cena as três mulheres, arrumando a mesa.

MULHER DE PEDRO – Ainda bem que vocês chegaram. Assim nossa comemoração será completa.

SUSANA – Quando soube da notícia na cidade tratei logo de avisar a Marúcia.

MARÚCIA – Alegro-me que tenha havido a eleição dos sete. Agora os gregos deixarão de tanto murmurar.

MULHER DE PEDRO, *tocando o ombro de Marúcia* – Você, querida Marúcia, é uma das que mais defendem nosso ministério.

MARÚCIA – Isso é porque recebo muito amor de vocês... e também nunca deixaram faltar o pão em minha casa, desde a morte do meu marido.

SUSANA – Não sei porque os gregos reclamam tanto a assistência para as viúvas, e os pobres. Penso que nunca os abandonamos.

MULHER DE PEDRO – Seja como for, agora temos sete pessoas bem escolhidas para tratar exclusivamente do assunto.

MARÚCIA – Desde que conheci os cristãos tenho notado o quanto se preocupam com os pobres, sendo um só o coração e a alma de todos.

SUSANA, *abraça Marúcia* – Nossa amizade é mesmo muito grande. Mas falta acontecer algo muito importante!

MARÚCIA, *surpreendida* – O que falta, Susana?

MULHER DE PEDRO, *interrompendo o que Susana ia responder* – Susana pensa o mesmo que todos nós: falta que você aceite logo a Jesus para que a nossa comunhão seja completa.

MARÚCIA – Eu... eu não sei... É tão difícil romper com os hábitos antigos. Nós, os gregos, já temos nossa forma de cultos e... Ora, o importante é que amo a todos vocês. Sinto-me imensamente feliz quando estamos reunidos. Quanto a Jesus, bem... acho que não chegou a hora. *(Entram Pedro, Filipe e Estêvão, pela porta que dá para a rua.)*

PEDRO – Estêvão e Filipe foram eleitos entre os sete. *(As mulheres os cumprimentam com alegria.)*

ESTÊVÃO – Sim, fomos escolhidos e há mesmo muito o que fazer, além de cuidar dos pobres, ao que já estamos acostumados.

FILIPE – Creio que a obra do Mestre inclui mesmo muitas coisas a realizar. É preciso cuidar, com todo o coração, da beneficência, estarmos atentos às injustiças sociais... tudo sem esquecer um só momento da grande missão de divulgar as boas-novas da salvação.

ESTÊVÃO, *caminhando em cena enquanto fala* – Sinto-me como aqueles no caminho de Emaús: arde-me o coração pela proximidade constante do Mestre e pela necessidade urgente de transmitir sua mensagem!

MULHER DE PEDRO – Irmãos, façamos nossa oração para, em seguida, repartirmos o pão.

PEDRO, *depois que todos estão sentados* – "Senhor, louvado seja o teu nome para sempre! Nós te agradecemos por esta alegre reunião, pela escolha dos teus servos na eleição e por esta confiança que temos em nossos corações de que a tua obra na terra nunca será interrompida! Nós te rogamos por todos os que estão aqui e por todos os que a tua Palavra ainda irá alcançar. Pedimos-te que também Marúcia possa aceitar teu Filho Jesus, em nome de quem oramos. Amém." *(Repartem o pão entre risos e alegria.)*

FILIPE – Alegro-me por você, Estêvão. O nosso Deus tem concedido que faça grandes prodígios e sinais entre o povo!

ESTÊVÃO – Eu também me alegro, irmão! O Espírito do Senhor tem dado grande poder as minhas palavras.

SUSANA – O Senhor tem operado grandes milagres através de suas mãos. Louvado seja o nome do Senhor!

ESTÊVÃO – Sou um dos inúmeros instrumentos que o nosso Deus tem usado, da mesma forma como já usou Pedro, João e tantos outros.

MARÚCIA – É bom saber tudo isso mas... *(Aparente preocupação.)*

MULHER DE PEDRO – ... o que quer dizer, Marúcia?

MARÚCIA, *sem jeito* – Bem, quando estava ontem no mercado, ouvi uns falatórios maldosos.

SUSANA – Falatórios?

PEDRO – Não se preocupem. Sei do que Marúcia está falando. Existem boatos de que Estêvão profere palavras blasfemas contra Moisés e contra Deus.

FILIPE – Penso que planejam algo contra Estêvão porque ele é corajoso em dizer a verdade de Jesus ao povo e aos escribas.

ESTÊVÃO – Eu não poderia calar-me jamais, diante da importância de transmitir aos outros o conhecimento da salvação eterna que eu mesmo já possuo. Seria um egoísmo, não acham?

MULHER DE PEDRO – Eles não são capazes de resistir a palavras tão cheias do Espírito Santo!

PEDRO – Aconteça o que acontecer, Estêvão, conte sempre conosco!

ESTÊVÃO – Obrigado, irmãos. Mas eu não temo o que eles possam fazer-me. Minha segurança está em Deus e não me amedronta nem mesmo a morte!

FILIPE – Do mesmo modo que eles detestavam a Cristo detestam agora os cristãos.

PEDRO – Perverteram a pregação de Estêvão de modo a colocar alguns contra ele.

MARÚCIA, *assustada* – Mas então Estêvão corre grande perigo!

MULHER DE PEDRO – Todos nós corremos perigo, Marúcia. Resta-nos tão-somente confiar em Deus.

MARÚCIA, *em boca de cena, nervosa* – Por que não procuram então fugir daqui?... Não compreendo como podem arriscar desse modo as suas vidas!

SUSANA, *para Marúcia* – Nós entregamos o nosso coração e as nossas vidas nas mãos de Jesus, depois que o aceitamos. Então, não temos medo da morte.

ESTÊVÃO, *olhando sonhadoramente ao longe* – Morrer será o encontrar com o Mestre, Marúcia, e nós o amamos muito. Infelizmente você ainda não conhece esse amor.

MARÚCIA, *mais nervosa* – Eu não compreendo, não compreendo! Pelo menos vocês podiam deixar de falar tanto nas praças, assim não correriam perigo.

PEDRO, *sorrindo* – Tenha calma, Marúcia e tenha fé! Nada mais é necessário na vida, acredite! *(Apagam-se as luzes e eles saem de cena.)*

Ao acenderem de novo as luzes, está em cena uma das testemunhas e o "sacerdote" como imaginário. Depois entram mais duas testemunhas, trazendo Estêvão amarrado com as mãos para trás. (Música triste quando ele entra.)

TESTEMUNHA I, *revoltado* – Este homem (Estêvão) não cessa de proferir palavras blasfemas contra o santo lugar e contra a Lei!

TESTEMUNHA II, *com ódio* – Sim, nós ouvimos dizer que Jesus Nazareno há de destruir o templo e mudar os costumes que Moisés nos deu.

TESTEMUNHA III, *que já estava em cena* – É verdade o que eles dizem.

ESTÊVÃO – "... Deus abençoou grandemente a Davi que pediu o privilégio de construir um templo permanente para o Deus de Jacó. Porém, foi Salomão quem realmente construiu esse Templo. Contudo, Deus não habita em templos feitos por mãos humanas. 'O céu é o meu trono', diz o Senhor por meio dos seus profetas 'e a terra é o estrado dos meus pés. Que espécie de casa vocês poderiam construir?' – pergunta o Senhor. 'Eu poderia permanecer nela? Eu não fiz tanto o céu como a terra?' Como vocês são duros de coração! Terão de resistir para sempre ao Espírito Santo? Mas seus pais fizeram isso e assim fazem vocês! Digam o nome de um profeta que os antepassados de vocês não perseguiram! Eles até mataram aqueles que profetizaram sobre a vinda do Justo – o Messias, que vocês traíram e assassinaram. Sim, e vocês de propósito destruíram as leis de Deus, embora fossem recebidas das mãos de anjos!"

TESTEMUNHA III – Cale-se! Você é um louco! Não respeita nem mesmo a nossa sinagoga? Levem-no depressa daqui!

TESTEMUNHA I, *como se estivesse envergonhado diante do sumo sacerdote* (invisível) – Como ousa falar deste modo diante do sumo sacerdote?

TESTEMUNHA II – Quero ver até onde vai a sua "coragem", idiota! *(Ameaça esbofeteá-lo.)*

TESTEMUNHA I, *impede o gesto, segurando a mão do outro* – Não, deixe-o. Ele não perde por esperar! Vamos mostrá-lo aos que estão esperando lá fora. Uma surpresa o aguarda...

TESTEMUNHA III, *rindo* – Pena que seja uma surpresa pouco agradável. Vamos, eu também quero participar. Vamos!

Arrastam Estêvão para outra extremidade de cena, como se o levassem para outro lugar.

NARRAÇÃO – E Estêvão foi barbaramente apedrejado pelos que não suportavam a Palavra do Senhor. O primeiro mártir do cristianismo estava nas mãos dos criminosos. *(Os três fazem expressões corporais como apanhando pedras invisíveis no chão e lançando contra Estêvão que, em centro de cena, faz expressões de muita dor, como tentando escapar das pedras sem conseguir e sendo atingido brutalmente por elas.)*

ESTÊVÃO, *com dor, mas sorrindo levemente* – "Eis que vejo os céus abertos e o Filho do homem que está em pé à mão direita de Deus."

TESTEMUNHA III – Miserável! Ainda ousa falar tal coisa?... Cale-se, maldito! *(Apedreja.)*

TESTEMUNHA I, *dirigindo-se a "pessoas" invisíveis ao seu lado e aos dois companheiros* – Vamos, tragam mais pedras! Quantas puderem! Daquele lado encontrarão mais, andem, depressa! *(Apedreja.)*

TESTEMUNHA II – Acabem com ele! Que morra de uma vez para aprender o que acontece com os que desafiam as autoridades.

TESTEMUNHA III, *com zombaria* – Tão bonzinho com os pobres, com os desprezados! Como ele gostava de falar nas praças!

TESTEMUNHA I, *jogando pedra* – Aprenda agora a respeitar a Lei! *(Ironiza)* "Céus abertos", hein?... Maldito mentiroso!

TESTEMUNHA II, *fala aos demais, invisíveis* – Venham, vocês também! Temos bastantes pedras. Este homem é o que espalhava blasfêmias e dizia fazer milagres.

TESTEMUNHA III – Milagres!... *(Ri com maldade.)* Pois só mesmo um milagre o livraria agora de nossas mãos! *(Os outros riem.)*

ESTÊVÃO – "Senhor Jesus, recebe o meu espírito!"

TESTEMUNHA I – Ainda fala nesse tal Jesus? Nem a proximidade da morte o deixa quieto, maldito cristão?!... *(Joga pedra.)*

ESTÊVÃO, *caído de joelhos, clama com voz alta e cheia de sofrimento:* – Senhor, Senhor! perdoa-lhes para que não sejam culpados disto! *(Cai ao chão – morrendo.)*

(Apagam-se as luzes e, no escuro, os cristãos entram e levam o corpo de Estêvão, usando para isso uma padiola improvisada, com a ajuda de lençóis. Durante a cena ouve-se uma música alta, para drama. Ao acender as luzes novamente, estarão em cena a mulher de Pedro, Susana, Pedro e Filipe. Pedro parece agitado, andando de um lado para outro enquanto olha para o público, como se olhasse para um caminho ao longe.)

MULHER DE PEDRO, *tocando o braço do marido* – Tenha calma, Pedro! Estêvão está agora na presença do Senhor.

PEDRO, *tocando a mão da mulher em seu braço* – Preciso mesmo descansar um pouco. Meu coração está agitado pela grande saudade de nosso irmão, mas me alegra a certeza de que ele está agora nas mansões celestiais.

FILIPE – Que visão maravilhosa ele teve durante o seu martírio! A notícia logo espalhou-se pela cidade.

SUSANA – O rosto de Estêvão ficou belo como o rosto de um anjo. O corpo sofria, mas o espírito estava atento, pois os olhos contemplavam a glória de Deus!

MARÚCIA, *entrando correndo, abraça Susana, chorando* – Oh! minha amiga, minha amiga! Então é verdade que Estêvão foi apedrejado até a morte?

MULHER DE PEDRO, *vem para perto das duas e afaga os cabelos de Marúcia* – Sim, é verdade. Estêvão já não está mais entre nós.

MARÚCIA, *ajoelha-se desesperada, abaixa o rosto colocando-o entre as mãos como para afastar uma visão de terror* – Meu Deus, meu Deus! *(Olha para os demais.)* Como vocês podem suportar tudo isso?

PEDRO – Do Senhor nos vem a força, Marúcia. *(Ajuda-a, para que se ponha de pé)* Venha, levante-se, tenha coragem!

SUSANA – Minha querida Marúcia, a fé nos ajuda a suportar tudo e o Mestre já nos enviou o Consolador – O Espírito Santo que está entre nós! Ele nos ajuda a caminhar, e a vencer! *(Cantam todos "Há um doce Espírito aqui" ou outro hino apropriado.)*

MARÚCIA, *chorando* – Eu quero aceitar a Jesus! Quero participar desta felicidade que nunca morre!

MULHER DE PEDRO – Aleluia, irmãzinha! Que grande alegria! *(Todos se abraçam e se cumprimentam.)*

Em seguida, as testemunhas invadem a casa.

TESTEMUNHA I – Ouvimos a música dos cristãos e chegamos para ver do que se trata.

TESTEMUNHA II – Então nem a morte do companheiro os fez calar, hein?

TESTEMUNHA III – Vocês sabem muito bem que as reuniões estão proibidas. *(Com o dedo em riste para Filipe.)* Tenham cuidado, bastante cuidado! Caso contrário...

TESTEMUNHA I – Vamos, vamos embora. *(Ri com iro-*

nia.) Saibam que continuaremos vigilantes, ouviram bem..., cristãozinhos? (Saem os três.)

FILIPE, *dirigindo-se ao público* – E os cristãos continuaram sendo duramente perseguidos e sacrificados.

MULHER DE PEDRO – Mas resistiam na fé e na esperança de um dia também poder ver a glória de Deus.

MARÚCIA – Não se entristeceram e nem desanimaram um minuto sequer!

PEDRO – Os cristãos eram gente muito corajosa! E mais importava obedecer a Deus do que aos homens.

SUSANA – E a obra continuou crescendo, sempre crescendo, até chegar aos nossos dias.

VOZ DE ESTÊVÃO – "Eis que vejo os céus abertos e o Filho do homem que está em pé, à mão direita de Deus!"

TODOS – Coragem e esperança, meus irmãos! Haja o que houver, a obra precisa continuar. Sempre e para sempre! *(Ouve-se uma música especial.)*

A resposta

(Para o dia de missões.)
Peça em 1 ato

PERSONAGENS

LAURA-JANE deve apresentar-se com roupas comuns, da nossa época
LÚCIA, idem
PROFESSORA deve trajar-se com jaleco de cor azul ou rosa, aberto sobre a roupa comum. Óculos, prancheta e régua
ENFERMEIRA deve vestir-se com jaleco branco. Estetoscópio no pescoço
MARIA apresentar-se-á com túnica comprida de cor suave, manto também simples, de outra cor. Faixa de tonalidade diferente amarrada à cintura; sandálias de couro, baixas ou entrar em cena descalça

CENÁRIO – O mais simples possível: Mesa, cadeiras (2), Jarra e flores.

ILUMINAÇÃO – Criação do próprio grupo, que poderá também incluir na peça outros hinos na parte musical.

Ao começar a peça, as amigas encontram-se no meio da igreja, como se fosse numa rua.

LÚCIA – Laura-Jane! Ei, Laura! Mas que alegria, a Paz do Senhor! Pensei que não me conhecesse mais!

LAURA-JANE – Oh! A Paz do Senhor! Como está, minha amiga? Há quanto tempo, hein? Vamos até a minha casa. É bem pertinho daqui.

LÚCIA – Está bem, mas não posso demorar-me muito. *(Caminham até a frente da igreja, próximo do púlpito, onde é a "casa".)*

LAURA-JANE – Em casa, parece mentira, não vejo você desde o Natal, quando esteve em nossa igreja. Olhe, não repare a ausência de mamãe, é que ela saiu para fazer compras.

LÚCIA – Ela tem passado bem? E você, Laura, como está?

LAURA-JANE, *encolhendo os ombros* – A gente vai vivendo...

LÚCIA, *abraçando a amiga* – Jane, o que há? Não confia mais em mim? O que está acontecendo com você?

LAURA-JANE – Preciso mesmo falar, Lúcia. É que eu ando muito confusa, sabe?

LÚCIA – Confusa? Mas por quê?

LAURA-JANE – Como você sabe, termino o segundo grau este ano e tenho estado cheia de dúvidas quanto ao que fazer depois... Que carreira escolher. Sinto-me vivamente interessada por tanta coisa ao mesmo tempo que encontro-me indecisa, e a indecisão atrapalha. Você não acha?

LÚCIA – Felizmente eu não passei por isso. Sempre desejei fazer arte dramática. Já estou no segundo ano, como você sabe. Por falar nisso, o nosso grupo de representações, que trabalha com as igrejas da região, tem estado muito bem. Os irmãos ficam muito felizes quando apresentamos em suas igrejas os nossos trabalhos. Convidam os visitantes e têm havido muitas decisões ao lado de Cristo. Mas, Laura, você tem orado?

LAURA-JANE – Muito! Mas tenho esperado a resposta de Deus com tamanha ansiedade que... não sei, fico confusa.

LÚCIA – Você deve esperar com paciência no Senhor. Não lembra o que diz o Salmista?

LAURA-JANE – Sim, na verdade eu não estou agindo acertadamente. E Jesus nos diz também que não devemos estar inquietos por coisa alguma.

LÚCIA, *sorrindo* – "Olhai os lírios do campo..."

LAURA-JANE – Você é mesmo uma boa irmã, Lúcia. Olhe, quer um cafezinho?

LÚCIA, *levantando-se* – Não, querida, muito obrigada. Tenho um ensaio daqui a meia hora em minha igreja.

LAURA-JANE – Mas você tem mesmo de ir agora? Que pena...

LÚCIA, *tocando no braço de Laura* – Mas veja: Jesus é o melhor amigo, aquele que nunca vai embora. Continue conversando com Ele: sei que irá responder-lhe. A paz do Senhor, Laura.

LAURA-JANE, *cumprimenta Lúcia e beija-lhe as faces* – A paz do Senhor. *(Lúcia sai pela porta principal, que dá para a rua.)*

LAURA-JANE – Lúcia é uma boa irmã. Interessante, gostei de ouvi-la dizer que Jesus é o amigo que nunca vai embora! *(Levanta-se e apanha a Bíblia.)* Vou aproveitar o silêncio para fazer uma leitura bíblica. *(Abre a Bíblia, procura o texto e lê):* "E, respondendo Jesus, disse-lhe: Marta, Marta, estás ansiosa e afadigada com muitas coisas. Mas uma só é necessária; e Maria escolheu a boa parte, a qual não lhe será tirada". – Maria escolheu a melhor parte! *(Ajoelha-se e ora):* "Senhor, tu sabes que eu estou confusa e não sei ainda qual é a minha vocação. Tu sabes o quanto eu me preocupo com os meus semelhantes e com a incerteza dos dias em que vivemos. Mostra-me o caminho certo para a minha vida! Estou disponível para fazer o que tu quiseres que eu faça. Usa-me de acordo com o teu querer. Amém." *(Levanta-se).*

Música suave ao piano enquanto, sentada, assume a atitude de quem está meditando, com a Bíblia apertada ao peito. Em seguida adquire a expressão de quem sonha de olhos abertos. – Entra a professora, e Laura se assusta, de início, mas percebe, depois, tratar-se de uma figura de seu sonho.

PROFESSORA – Olá, Laura-Jane! Vim ajudá-la. Sou uma professora que trabalha no sertão nordestino. A minha atividade não é das mais fáceis, porém, proporciona-me inúmeras alegrias! Tantas, que você nem pode imaginar. Ensinar as crianças brasileiras, especialmente as que vivem longe dos grandes centros, sem recursos, é uma experiência gratificante. O analfabetismo domina ainda nos sertões, e eu, particularmente, gosto muito do Nordeste, sabe? A carreira do magistério, no entanto, exercida em qualquer lugar é sempre nobre e de importância ilimitada. Os que administram ensinamentos são sempre lembrados com carinho e admiração. Adeus, Laura.

LAURA-JANE, *gaguejando, pela surpresa* – A... até logo, senhorita, muito obrigada. *(A professora sai.)*

ENFERMEIRA, *tomando o lugar da professora* – Salve, Laura! Eu sou enfermeira. Aproveitei uma folguinha no hospital para vir até aqui, conversar com você. Hoje a minha enfermaria está repleta e são muitos os casos graves. O meu trabalho é muito cansativo e bem pouco reconhecido. Ainda assim amo a minha profissão. Não há nada no mundo para mim que seja mais belo do que o sorriso de um paciente que se restabelece. Há ocasiões em que o ser humano coloca em nossas mãos toda a esperança que lhe resta na vida: como se fôssemos capazes de transformar o desespero em alegria. Hoje mesmo cuidei de uma senhora que havia sido internada com um caso muito grave; fiz-lhe os curativos de uma operação a que foi submetida. Na próxima semana, se Deus quiser, ela estará de alta. Uma vida nova irá abrir-se diante de seus olhos, um novo caminho será percorrido. – E então, Jane? Não será a enfermagem o melhor para você? Mas agora tenho de ir. Prometi passar na casa de Marcelo, um lindo menino para aplicar-lhe uma injeção de antibiótico. É doloroso fazer isso, eu sei, mas acontece que irá restituir-lhe a saúde e o seu sorriso que para mim é o mais bonito do mundo. Adeus, Jane.

LAURA-JANE, *após a saída da enfermeira* – Sim, talvez a enfermagem! Como eu gostaria de poder minorar os sofrimentos humanos, meu Deus! Oh! ilumina-me, Pai, eu quero fazer a tua vontade!

Solo do hino 299. (Cantor Cristão.)

MARIA, *colocando-se no centro da cena* – Boa-noite, Laura-Jane. Eu sou Maria, irmã de Marta e Lázaro. Você deve saber a nosso respeito. Jesus era muito amigo de nossa família. Aliás, Ele é amigo de todos. Certo dia em que Ele nos visitava, repreendeu Marta, por encontrar-se muito ocupada com os afazeres da casa. Quanto a mim, eu não poderia deixar de estar aos pés do Mestre, procurando ouvir os seus ensinamentos, pois pouquíssimas vezes Ele tinha tempo de ir visitar-nos. Sabe, Jane, eu nunca esquecerei a imensa alegria que nos invadiu a todos quando o Senhor ressuscitou a Lázaro, nosso irmão. *(Triste.)* Nós pensávamos que não fôssemos ver nunca mais o rosto querido de Lázaro. *(Alegre.)* Mas quem segue o bom Mestre Jesus, ainda que esteja morto viverá! Muito tempo depois, logo após a crucificação, eu fui, no domingo, com as outras mulheres ao sepulcro, para ungir o corpo do Mestre, mas Ele já não estava lá: havia ressuscitado! Pude ver com os meus próprios olhos os anjos vestidos com roupas que brilhavam mais do que mil relâmpagos. Foram eles que nos contaram acerca da ressurreição. Possuídas de uma enorme felicidade, que as palavras não conseguem expressar, fomos correndo contar as boas-novas aos outros. Jane, anunciar as boas-novas é a melhor escolha; é escolher a melhor parte. O mundo está cada vez mais necessitado de ouvir falar a respeito de Cristo! Os maiores problemas dos seres humanos só poderão ser resolvidos por seu intermédio. O trabalho missionário poderá ser a solução para os grandes males da Terra. Não adianta cuidar do corpo e esquecer a alma, que é mais importante. A eternidade vale muito mais, muito mais, Laura-Jane! *(Sai, e, da porta, acena sorrindo para Laura.)*

LAURA-JANE, *ajoelhando-se* – Oh! Senhor! É a tua resposta... finalmente! É isso, exatamente, o que eu quero, o que eu sempre quis e não sabia: ser missionária! Darei o teu recado onde for necessário. Poderei ser a enfermeira, ou a professora, mas no teu serviço! Que alegria, Pai! Muito obrigada, obrigada pela resposta. Usa-me de agora em diante como um instrumento vivo na tua obra. Amém!

Entram as outras componentes, inclusive Lúcia, e cantam sorrindo, de mãos dadas, o hino 296 do Cantor Cristão (1ª, 2ª e 6ª estrofes).

Um Natal na cidade de Damasco

(Para o Natal.)
Peça em 2 atos

PERSONAGENS

LUCIANA
MARIALVA
SARA
PAULO
ISMAEL
ANANIAS

CENÁRIOS – Imagináveis no primeiro ato, e no segundo use-se apenas 3 bancos rústicos em centro de cena.
INDUMENTÁRIA – Túnicas e mantos bem arranjados, de cores suaves e alegres.
ACESSÓRIO – Um rolo de "pergaminho" que poderá ser feito colocando-se dois pedaços de madeira roliça nas extremidades de um papel de cor amarelada.

PRIMEIRO ATO

Entram, pela porta que dá para a rua, Luciana, Sara e Marialva, como passeando na cidade de Damasco. Em centro de cena começam as falas, de modo alegre.

SARA – Mas que bom passeio este, não acham?

MARIALVA – Eu estou gostando imensamente *(olha embevecida para toda a cidade)*, porque amo esta cidade.

LUCIANA – Damasco está realmente cada vez mais linda.

SARA, *apontando para qualquer lado, mostra algo* – Vejam estas portas em arco... São totalmente construídas em pedras lavradas!...

LUCIANA – E os jardins e pomares daquele lado, não são magníficos? Damasco é antiguíssima, mas nunca perde sua enorme beleza.

MARIALVA – Dizem que esta cidade é dos tempos de Abraão...

LUCIANA – Filhas, precisamos apressar-nos, pois ainda temos de passar no mercado para comprar o trigo. Lembrem-se que faltam apenas cinco dias para o Natal!

MARIALVA, *abraçando carinhosamente a mãe* – Oh! eu estou feliz por comemorarmos novamente o Natal! A senhora não imagina quanto, mãezinha!

LUCIANA – Tem razão, querida, o nascimento de Jesus foi mesmo o acontecimento mais feliz de toda a história da humanidade.

SARA – E o mais importante é que Ele transformou nossos corações para sempre.

MARIALVA – Sabem, às vezes eu fico pensando... temos tão poucos recursos para levar esta mensagem por todo o mundo. A maioria dos cristãos são gente pobre, sem dinheiro, sem transportes...

ANANIAS, *aparece, vindo por uma lateral* – Concordo plenamente, irmã. Eu estava pensando o mesmo ainda agora.

LUCIANA, *surpresa* – Mas onde estava o irmão que não o vimos?

ANANIAS – Estava admirando uma das colunas do lado leste e vi quando chegaram.

MARIALVA – Estávamos falando da festa de Natal. Comemoraremos em nossa casa, o irmão irá?

ANANIAS, *constrangido* – Sim... claro, eu...

SARA – Mas o que há? O irmão parece indeciso.

ANANIAS – É que ando preocupado. Na verdade a situação dos cristãos não está nada bem. Soube que Estêvão, um servo do Senhor, foi morto a pedradas em Jerusalém.

LUCIANA, *horrorizando-se* – Mas como? Um servo do Senhor?!...

ANANIAS – E muitos outros estão sendo perseguidos em vários lugares. Dizem que um certo Saulo, de Tarso, consente tudo isso.

SARA – Que absurdo! Unicamente porque seguem as palavras do Mestre Jesus?

ANANIAS – Sim, as autoridades da terra negam a divina autoridade de Cristo.

ISMAEL, *entrando rapidamente pela porta que dá para os fundos* – Irmãos... *(Arqueja, como cansado de grande corrida.)* Irmãos, depressa!

ANANIAS – Ismael! O que houve?

ISMAEL – Temos de nos esconder o mais rapidamente possível!

LUCIANA – Esconder? Mas por quê?...

ISMAEL – Saulo de Tarso está chegando à cidade.

ANANIAS E MARIALVA – Saulo de Tarso?!...

ISMAEL – Sim, ele mesmo, o maior perseguidor dos cristãos. Dizem que traz cartas dos principais dos sacerdotes para as sinagogas de Damasco. Tem ordem de prender imediatamente todos os cristãos, homens e mulheres, e levá-los presos a Jerusalém.

ANANIAS – Mas isto não é possível!

ISMAEL – Não temos tempo a perder. O governador de Damasco, obedecendo ao rei Aretas é inteiramente favorável aos planos terríveis de Saulo de Tarso.

SARA – Meu Deus! e agora?...

ISMAEL – Temos de encontrar meios de esconder-nos.

MARIALVA – Mas esconder-nos onde? Os soldados poderão achar-nos.

LUCIANA – E os demais cristãos, já sabem?

ISMAEL – Sim, a notícia espalhou-se imediatamente. Vamos, saiamos depressa daqui!

LUCIANA – Senhor, tem misericórdia de nós! Vamos, filhas, depressa!... *(Saem todos por uma das laterais.)*

Apagam-se as luzes e colocam-se rapidamente três bancos em cena.

SEGUNDO ATO

NARRAÇÃO, *ainda às escuras* – "E indo Saulo de Tarso no caminho de Damasco, aconteceu que, subitamente o cercou um resplendor de luz do céu." *(Acendem-se as luzes.)* "E, caindo em terra, ouviu uma voz que lhe dizia: Saulo, Saulo, por que me persegues? E ele disse: Quem és Senhor? E respondeu o Senhor: Eu sou Jesus, a quem tu persegues. Levanta-te, entra na cidade e ali te será dito o que te convém fazer."

Entram pela porta dos fundos, Marialva e Sara. Ao mesmo tempo, Luciana, Ismael e Ananias por uma lateral.

MARIALVA, *muito alegre* – E então, mamãe, eles gostaram de nosso jardim?

ISMAEL – Sim, as irmãs têm aqui flores belíssimas.

LUCIANA, *sentando-se* – Que ótimo que o perigo tenha passado, não acham?

SARA – O irmão Ananias viu Saulo de Tarso?

ANANIAS, *sentando-se* – Sim, o Senhor Deus enviou-me à casa de Judas, onde ele está.

ISMAEL – Saulo esteve sem enxergar por três dias e o Senhor revelou ao irmão Ananias que impusesse as mãos sobre ele para que voltasse a ver. *(Entra Saulo pela porta que dá para a rua. Em centro de cena, saúda os irmãos erguendo para o alto a mão direita. Todos se surpreendem.)*

PAULO – A paz do Senhor Jesus seja com todos.

ANANIAS, *levantando-se* – Paulo?!...

PAULO – Por favor, não temam, amados. Não sou mais Saulo – o perseguidor dos cristãos. Agora sou também um cristão!

MARIALVA – Mas então é mesmo verdade?...

PAULO – É verdade. Depois do meu encontro com o Mestre, o meu coração foi iluminado por uma grande luz. Agora sou um simples servo do Senhor e tudo farei para levar adiante as Boas-novas da salvação.

ANANIAS – Deus seja louvado, irmãos! Teremos agora um Natal mais feliz ainda.

PAULO – Celebram o Natal?

ISMAEL – Sim, comemoramos o nascimento de Jesus, o nosso Redentor.

LUCIANA – Jesus foi sacrificado numa cruz, mas ressuscitou no terceiro dia.

SARA – E esta é a razão de nossa alegria.

PAULO – Os irmãos não podem calcular o quanto sou grato a Deus por ter permitido que eu – o pior dos homens – conhecesse a Cristo. *(Luciana sai para pegar o pergaminho.)*

ISMAEL – A misericórdia de Deus é ilimitada e alcança todos os homens. *(Abraça Paulo.)* E que o Senhor o abençoe em sua nova vida. *(Os demais o cumprimentam sorridentes.)*

PAULO – Agora sou um homem novo, transformado pelo imenso amor de Deus.

LUCIANA, *entrando* – Irmão Paulo, agora leremos a Palavra de Deus. *(Entrega o pergaminho a Paulo.)* Leia, por favor, o que escreveu o irmão Lucas sobre o nascimento do Messias!

PAULO, *envergonhado* – Eu? Mas eu não sou merecedor de tamanha honraria...

ISMAEL – O irmão é herdeiro do Céu, não esqueça!

PAULO, *sorrindo agradecido* – Obrigado, irmãos, muito obrigado! *(Toma o pergaminho e lê Lucas 2.8 a 18 – previamente anotado.)*

MARIALVA, *orando* – “Misericordioso Deus, louvado seja o teu nome para sempre! Nós te agradecemos por este momento maravilhoso em que comemoramos a vinda do teu Filho Jesus à Terra. Agradecemos por Paulo. Que ele possa ser um grande exemplo realizando a tua obra. Em nome de Cristo, o Príncipe da Paz, é que te pedimos. Amém."

Quadro estático: Ismael e Ananias mostram a Paulo um caminho ao longe. As três mulheres sorriem abraçadas.

NARRAÇÃO – "E Paulo ficou alguns dias com os irmãos em Damasco e logo começou a pregar a respeito do Senhor Jesus. Todos os que o ouviam estavam atônitos, mas Paulo se esforçava cada vez mais, confundindo os judeus que habitavam em Damasco, provando que aquele era o Cristo!"

Música especial enquanto saem as personagens pela platéia, sorrindo, abraçando e cumprimentando ao desejar um FELIZ NATAL.

A hora decisiva

(Para o Natal.)
Peça em 1 ato

PERSONAGENS

GUSTAVO, o pai
GERALDA, a mãe
GLÓRIA, filha do casal
CARLOS, filho do casal
ALEX, menino ainda pequeno, sobrinho de Gustavo e Geralda
MÍRIAM, menina, também sobrinha

OBSERVAÇÃO IMPORTANTE – Além da técnica da mímica, no quadro de Natal, utilizaremos a técnica do coringa; sendo assim, representando o Natal, as personagens acima farão outras personagens, como a seguir:

GUSTAVO, José
GERALDA, Maria
GLÓRIA, dona da estalagem
CARLOS, pastor

ALEX, rei mago
MÍRIAM, anjo

INDUMENTÁRIA – Nas cenas iniciais, todos usarão roupas da época atual. Na representação de Natal, deverão vestir-se do seguinte modo:

JOSÉ, túnica e manto bastante simples. Pode-se utilizar sacos de estopa.

MARIA, túnica e manto de cores suaves, mas alegres.

DONA DA ESTALAGEM, túnica rústica, com uma cordinha amarrada na cintura. Cabelos soltos

PASTOR, vestir-se mais ou menos como José

REI MAGO, túnica vistosa, podendo ser de papel crepom amarelo; capa também vistosa, de outra cor viva, sobre os ombros; arranjo imitando uma coroa sobre a cabeça. Poderá levar um pequeno cântaro, para o "incenso".

ANJO, túnica branca. Cordinha branca na cintura. Uma tira de papel laminado em volta da cabeça, passando sobre a fronte.

CENÁRIO – Uma sala de residência.
ACESSORIO – Uma revista.

Na cena inicial, Geralda, Glória e Carlos. A primeira fala com alguém do outro lado da porta. A pessoa não aparece em cena. Enquanto isso, Glória e Carlos estão lendo uma revista.

GERALDA – Como foi que a senhora disse? Então meu vestido não ficará pronto para hoje? (*Aborrecida.*) Está bem. Até logo.

GLÓRIA – E então, ela já foi?

GERALDA, *ainda aborrecida* – É uma tonta! Parecia envergonhada, pediu mil desculpas... Mas o certo é que não passa de uma irresponsável!

CARLOS – Bem, pessoal, eu estou saindo. Vou ver como é que estão combinando o churrasco na casa de João, dia 25.

GLÓRIA - Nada disso. Você não vai sair agora. Vamos ao mercado comprar o presunto. O que falta mais, mãezinha?

GERALDA - Nem sei. Essa história do vestido me deixou simplesmente irritada!

GLÓRIA - Pela manhã a senhora fez uma listinha. Acho que além do presunto precisamos comprar uns três panetas, as nozes, avelãs... Carlos, papai trouxe as castanhas?

CARLOS - Não. Saímos cedo para comprar, mas ele resolveu passar em casa do irmão Pedro, que está doente.

GERALDA - Mais esta, agora... Filha, e você, já marcou hora no salão de beleza?

GLÓRIA - Claro. Imagine se vou à igreja amanhã com estas unhas horrorosas. (*Toca os cabelos.*) Meus cabelos também precisam de uma "geral".

CARLOS - Você e a "beleza"! Mulheres... ufa!

GERALDA - Não seja impertinente, Carlos. Por que não cuida de ver se a instalação da árvore de Natal, lá no terraço, está funcionando bem?

GLÓRIA, *empurrando o irmão para a porta* - Isso. Vamos, vá trabalhar! (*Carlos se aborrece e vai dizer alguma coisa quando Gustavo entra, trazendo sua Bíblia, por uma outra porta.*)

GUSTAVO - Geralda, meus filhos, vejam que versículos maravilhosos estes: (*Lê.*) "Ora, havia naquela mesma comarca, pastores que estavam *no campo* e guardavam durante a vigília da noite os seus rebanhos... e os pastores foram apressadamente e acharam Maria, José, e o menino deitado numa *manjedoura.*

CARLOS - Ora, pai... Nós já conhecemos esses versículos.

GERALDA - São do capítulo 2 de Lucas... o que há de mais neles?

GLÓRIA - O que o surpreendeu tanto, papai?

GUSTAVO, *abraçando a filha e pondo o braço sobre seus ombros* - Filha, eu redescobri que Jesus nasceu em meio a maior simplicidade. No campo, numa manjedoura... não acham magnífico?

GLÓRIA, *sem graça* - Pai... pai, o senhor estava ouvindo a nossa conversa?

GUSTAVO, *com seriedade* – Que conversa? Eu estava no terraço, lendo. Depois, fiquei tão feliz com o texto que resolvi descer depressa e compartilhar a bênção com vocês.

GERALDA, *alegre* – Glória, você está pensando o mesmo que eu?

GLÓRIA, *desprendendo-se do abraço do pai e abraçando a mãe* – Claro, mãezinha! Acho que fomos umas bobocas; tão preocupadas com vestidos, nozes...

CARLOS, *constrangido* – ...salões de beleza e... churrascos.

GUSTAVO – Mas do que é que estão falando, minha gente?

GERALDA – Estávamos preocupados com os "tesouros da terra,

GLÓRIA – que a traça e a ferrugem consomem..."

CARLOS, *como se fizesse uma grande descoberta* – Pessoal, que acham economizarmos o dinheiro que íamos gastar com tantos desperdícios e comprar algo para levar àquela gente pobre que visitamos?

GLÓRIA, *feliz* – Sim, que ótimo, filho! Você se lembra, Glória, daquela família que visitamos no mês passado, a que convidamos para o programa de posse da União Feminina de nossa igreja?...

GLÓRIA – Sim, eu me lembro. (*Em boca de cena.*) Engraçado, nós os convidamos para uma festa e pelo jeito eles não tinham nenhum alimento em casa. Por que não nos preocupamos em perguntar se precisavam de alguma coisa?

GUSTAVO – Vocês têm toda a razão em pensar na beneficência. Vejam o que diz a Palavra de Deus, aqui em Hebreus 13.16 (*Lê.*) "E não vos esqueçais da beneficência e comunicação, porque com tais sacrifícios Deus se agrada".

CARLOS – Jesus multiplicou os pães e os peixes, porque também se preocupava com a fome das pessoas.

GUSTAVO – É bom, pois, preocuparmo-nos também com o pão que sacia a fome, sem esquecer nunca de anunciar a Cristo, que é o Pão da Vida.

GLÓRIA – Vou chamar Alex e Míriam para fazermos juntos o ensaio da nossa representação de Natal. Depois iremos comprar... não panetas, nozes e castanhas, mas arroz, feijão e leite em pó para aquela família tão carente.

CARLOS, *olhando para fora* – Não é necessário chamar os primos. Eles estão chegando.

ALEX, *entrando com Míriam* – Boa-noite, tios.

MÍRIAM, *abraça os tios, Carlos e depois Glória* – Está tudo bem com você, Glória?

GLÓRIA – Tudo ótimo. Olhe, vamos logo começar o nosso ensaio.

GERALDA – Carlos, venha comigo pegar as nossas roupas. (*Saem os dois.*)

MÍRIAM – Você costurou minha túnica branca, Glória?

GLÓRIA – Costurei sim; não se preocupe. (*Saem.*)

Voltam todos à cena, Geralda e Carlos trazem as roupas, e, com música especial, começam a arrumar-se diante do público, colocando as roupas novas sobre as que já estavam usando. Ajudam-se uns aos outros, felizes e sorridentes. Logo que acabam de arrumar-se, saem pelos mais diferentes lados.

Em cena a dona da estalagem. Após algum tempo, entra José (Gustavo).

JOSÉ (Gustavo) – Senhora, minha esposa está aí fora. Ela... ela vai ter um bebê e precisamos de hospedagem.

DONA DA ESTALAGEM (Glória) – Não sabe que Belém está repleta de gente que veio alistar-se? (*Ri, zombando.*) Não está pensando em encontrar uma vaga aqui, está?...

JOSÉ – Mas senhora... Já percorremos todas as hospedarias. A criança...

DONA DA ESTALAGEM, *com raiva* – Não há lugar aqui, não tenho tempo a perder... e também não gosto de crianças. Adeus. (*Sai por uma porta dos fundos. E José, desanimado, sai pela porta que dá para a rua.*)

VOZ DE MARIA (*Geralda, oculta*) – "Ora, havia naquela mesma comarca, pastores que estavam guardando os seus rebanhos durante a vigília da noite..."

PASTOR (Carlos), *entra e olha para o alto* – Belíssima noite! O céu nunca esteve tão estrelado! Acho que vou descansar um pouco. (*Vai sentar-se no chão, quando o anjo aparece e ele fica muito assustado*) – Quem é você?!

ANJO (Míriam) – "Não temais! Eis que vos trago novas de grande alegria que será para todo o povo, pois na cidade de Davi, vos nasceu hoje o Salvador, que é Cristo, Senhor. E isto vos será por sinal: achareis o menino envolto em panos e deitado numa manjedoura" (*Sai pela porta que dá para a rua.*)

PASTOR, *muito feliz* – Vou agora mesmo até Belém ver isto que aconteceu, o que o Senhor nos fez saber! (*Sai pela porta dos fundos.*)

VOZ DE MARIA, *oculta* – "E tendo nascido Jesus em Belém da Judéia, no tempo do rei Herodes, eis que uns magos vieram do Oriente a Jerusalém."

MAGO (Alex), *entra* – "Onde está aquele que é nascido rei dos judeus? porque vimos a sua estrela no Oriente, e viemos a adorá-lo". Creio que deve ser este mesmo o caminho, basta continuar seguindo a estrela. (*Olha para o céu, como se visse uma estrela e sai pela porta que dá para a rua.*)

VOZ DE CARLOS, *oculto* – Os pastores e os magos encontraram Maria, José e o menino deitado numa manjedoura...

Entram José e Maria, que embala nos braços uma criança imaginária. Em meio da cena, ela coloca o "bebê" numa manjedoura igualmente invisível e ajoelha-se ao seu lado. Em seguida, entram todas as demais personagens, colocando-se sorridentes, em estático, nas mais diferentes e criativas posições. Depois cantam todos um hino especial que poderá ser acompanhado pela congregação.

Outro caminho

(Para o Natal.)
Peça em 1 ato

PERSONAGENS

MARLENE, a esposa
FRANCISCO, o esposo
LÍLIAN, a órfã
MARIA
JOSÉ
PASTOR I
PASTOR II
MAGO I
MAGO II
ANJO

CENÁRIO – Uma sala simples e outro ângulo de cena, vazio, onde aparecerão as personagens de Natal.

INDUMENTÁRIA – As três primeiras personagens vestirão roupas atuais, sendo que a menina Lílian usará vestido muito pobre, com alguns rasgões e levará uma bolsa de mercado, usada, cheia de trastes. As demais personagens poderão vestir-se seguindo as instruções dadas na peça A HORA DECISIVA.

ACESSÓRIOS – Além da bolsa de Lílian, 1 livro comum, 1 jarro rústico para o incenso de um dos magos e 1 pedra envolvida em laminado dourado, que representará o ouro do outro.

IMPORTANTE – O anjo, os magos e os pastores podem ser feitos por crianças também.

Ao início da peça, Marlene está em cena lendo um livro. De vez em quando pára de ler, ora bocejando, ora olhando distraída para um lugar ao longe, aparentando tristeza. Francisco entra.

FRANCISCO – Então, vamos?

MARLENE – Não, não quero sair. Vou ficar em casa, lendo.

FRANCISCO, *irritado* – Você e as suas manias! Onde já se viu ficar em casa lendo, na noite de Natal?

MARLENE – É melhor.

FRANCISCO, *mais irritado* – Que absurdo! E o que diremos, se eles ligarem perguntando por que não fomos?

MARLENE – Ora, diga... diga que estamos doentes.

FRANCISCO – Doentes?

MARLENE, *levantando-se e jogando o livro sobre a cadeira* – Sim, doentes. Não vá me dizer que acredita que estejamos bem. No mínimo precisamos de um psiquiatra.

FRANCISCO, *sem jeito* – Por que diz isso?

MARLENE – Ora, Francisco, nosso casamento tem sido uma grande farsa. Ainda bem que não temos filhos...

FRANCISCO – Você é culpada de não sermos felizes. Suas "crises existenciais"...

MARLENE, *cortando* – Eu não teria angústia, se tivesse razões para ser feliz.

FRANCISCO – E por que não é feliz? Temos uma bela casa, um automóvel...

MARLENE – Você só pensa em valores materiais.

FRANCISCO – Não, você sabe que não. Acho mesmo que a nossa crise começou quando deixamos a igreja.

MARLENE, *pensativa* – Talvez... mas acho que o nosso casamento acabou.

FRANCISCO, *cordato* – Por que não procuramos o pastor, para conversarmos com ele sobre o assunto?

MARLENE – Não sei. Eu não sei o que fazer de mim, de nós...

FRANCISCO – Eu ainda espero que tenhamos uma solução para as nossas vidas. Eu... acho que vou dar uma volta. (*Ele sai e Marlene volta a sentar-se, procurando reiniciar a leitura. Mas não consegue. Deixa o livro sobre a mesa e anda de um lado para outro, apertando a fronte, como se tivesse dor de cabeça. Nisto ouve-se de fora um chamado.*)

LÍLIAN – Moça... moça!

MARLENE – Quem é?

LÍLIAN, *aparecendo à porta trazendo sua bolsa* – Posso falar com a senhora?

MARLENE – O que você quer?

LÍLIAN – Por favor, eu posso ficar com a senhora um pouquinho?

MARLENE – Comigo, mas por quê?

LÍLIAN – Estou com medo.

MARLENE – Medo? Mas medo de quê?

LÍLIAN, *insistindo, com voz de choro* – Por favor, moça, deixe-me entrar. Só um pouquinho...

MARLENE, *cansada pela insistência* – Está bem, entre. (*Aperta novamente a fronte.*)

LÍLIAN – A senhora está doente?

MARLENE – Não... é apenas dor de cabeça.

LÍLIAN, *sentando-se* – Ah! é muito ruim ter dor de cabeça. Às vezes eu tenho também, mas as moças do orfanato pensam que é mentira.

MARLENE, *assusta-se* – Do orfanato?

LÍLIAN – É. Aquele ali da esquina da sua rua. Eu fugi de lá.

MARLENE, *mais assustada* – Fugiu?!

LÍLIAN – Isso mesmo. Aquele lugar é pavoroso. Mas não brigue comigo, sim?

MARLENE, *com muito jeito* – Você tem... parentes?

LÍLIAN – Não. Uma das moças de lá, disse que os meus pais morreram num acidente e que não tinham parentes.
MARLENE, *com pena* – Como é o seu nome, menina?
LÍLIAN – É Lílian.
MARLENE – Que nome bonito! Lílian, você quer jantar? Jantamos ainda agora.
LÍLIAN – Não, eu jantei antes de... fugir. A senhora tem filhos?
MARLENE, *triste* – Não.
LÍLIAN – Puxa, que pena, uma casa tão bonita, e a senhora parece tão boazinha. Seu marido saiu, não é?
MARLENE – Sim, saiu.
LÍLIAN – Eu vi, quando ia chegando aqui.

Pequena pausa.

MARLENE – Bem, e agora? Hoje é Natal é...
LÍLIAN, *levantando-se* – A senhora podia me contar a história do Natal. Lá no orfanato a gente só vê televisão. Não tem quem conte uma história sequer.
MARLENE, *constrangida pelo inesperado* – Eu?... Mas... Está bem, vamos nos sentar. (*Sentam-se, e Marlene começa a contar a história do Natal de modo bastante alto para que seja ouvida por todos.*)
MARLENE – Bem, Lílian, Maria ficou muito feliz quando foi escolhida por Deus para ser a mãe do Menino Jesus.

Entra Maria, se possível sob efeitos especiais de iluminação, no outro ângulo de cena, mas em lugar bem visível do público.

MARIA – "A minha alma engrandece ao Senhor e o meu espírito se alegra em Deus, meu Salvador, porque atentou para a limitação de sua serva e eis que agora todas as gerações me chamarão bem-aventurada. Porque me fez grandes coisas o Poderoso, e Santo é o seu nome. A sua misericórdia é de geração em geração sobre os que o temem" (*Sai por uma porta dos fundos.*)

Francisco entra pela porta da rua e vai sentar-se junto a Marlene e à menina.

FRANCISCO – Posso ouvir também?

MARLENE, *surpresa* – Sim... pode. Bem, depois Maria, e José, seu marido, tiveram uma porção de problemas para achar um lugar onde o bebezinho pudesse nascer.

Entram Maria e José. Ela anda com dificuldade. Param em meio à cena para descansar. José a ampara.

JOSÉ – Ainda hoje, se Deus quiser, encontraremos uma hospedagem, Maria.

MARIA, *sorrindo* – Sim, eu acredito que Deus há de levar-nos ao lugar certo para que se cumpra a sua vontade.

JOSÉ – Hoje, cedo *(lembra-se)*, passamos por um mercador que falou da possibilidade de encontrarmos uma hospedaria por aqueles lados. *(Aponta para um dos lados.)*

MARIA – Toda Belém está repleta de gente hoje. São os que vieram alistar-se e por isso está tão difícil encontrarmos uma estalagem.

JOSÉ – Se estivéssemos em Nazaré logo encontraríamos algo. Como está? Mais descansada?

MARIA – Sim, vamos. (*Saem pela porta que dá para a rua, em meio do público.*)

MARLENE – Maria e José não encontraram nenhuma hospedaria em que o menino pudesse nascer!

LÍLIAN – E então?

MARLENE – Eles encontraram uma velha estrebaria e ali nasceu Jesus. Maria então o deitou numa manjedoura. E estavam uns pastores no campo... (*Entram os dois pastores.*)

PASTOR I – Vamos ver se encontramos por aquele lado a ovelha que se perdeu.

PASTOR II – Temos mesmo de encontrá-la, pois os nossos patrões não nos perdoariam por se ter a ovelha perdido.

PASTOR I – Hoje tivemos muito trabalho, não acha?

PASTOR II – Mais do que nunca. Os rebanhos aumentaram muito ultimamente.

PASTOR I – E o pior é que me sinto tão doente.

PASTOR II – Doente? Então precisa tratar-se.

PASTOR I – Não posso deixar de trabalhar. Quem daria alimento a meus filhos?

PASTOR II – Tem razão, somos mesmo homens sem esperança. Nossa vida é muito difícil.

Música forte enquanto aparece o anjo: os dois se assustam.

ANJO – "Não temais, porque eis aqui vos trago novas de grande alegria que será para todo o povo, pois na cidade de Davi vos nasceu, hoje, o Salvador que é Cristo o Senhor."

OS DOIS – Jesus Cristo, o esperado das nações?

ANJO – "E isto vos será por sinal. Achareis o Menino envolto em panos e deitado numa manjedoura" (*Sai em meio ao público.*)

PASTOR II – Vamos então depressa a Belém!

PASTOR I – Sim, vejamos isto que aconteceu, o que o Senhor nos fez saber.

PASTOR II – Agora sim, temos uma grande esperança: Nasceu o Redentor! (*Saem pela porta dos fundos.*)

MAGO I, *entrando pela lateral, com o companheiro* – Veja! (*Aponta para o céu, alegremente.*) Lá está a bela estrela que nos conduzirá ao que é nascido Rei dos Judeus.

MAGO II – Devemos continuar o caminho, então, para aquele lado. O que leva você nesse jarro?

MAGO I – Incenso e mirra, para o Messias.

MAGO II – *mostrando o ouro* – Não é uma bonita pedra de ouro? Será este o meu presente. (*Saem.*)

Apagam-se momentaneamente todas as luzes enquanto as personagens da história do Natal assumem suas posições: Maria, de joelhos, embala nos braços um bebê imaginário. José e os demais, sorrindo, olham com ternura para o bebê. Fazem quadro estático até o fim da peça.

LÍLIAN, *após acenderem-se as luzes, volta com Marlene e Francisco para a sala* – Que história bonita! Parece que ainda estou vendo.

MARLENE – Feliz Natal, Francisco. (*Abraça o marido, depois dirige-se a Lílian.*) Ah! Lílian, eu ia esquecendo de contar: os magos, depois que viram o Menino, voltaram por outro caminho, para que Herodes não os encontrasse!

FRANCISCO - Sabe, Marlene, acho que nós precisamos fazer o mesmo que fizeram os magos! tomar outro caminho.

MARLENE - Também acho, Francisco. Sabe, acho que nós estávamos esquecidos de Jesus. Ah! esta é Lílian, que fugiu do orfanato.

FRANCISCO - Sim, eu ouvi quando contou sua história.

MARLENE - Quem sabe não poderíamos ficar com ela?

LÍLIAN, *muito feliz* - Ficar com vocês?! Para sempre?!...

FRANCISCO - Sim, pequena, você será parte desta família (*olha para Marlene*), que, verdadeiramente, começa agora, após recordarmos o verdadeiro Natal. Assim que pudermos vamos ao orfanato legalizar tudo, está bem?

MARLENE - Obrigada, Francisco. Estou tão feliz!

FRANCISCO - Eu também. Sinto-me como se tivesse renascido agora. Feliz Natal, Marlene! Feliz Natal, Lílian! (*Os dois abraçam carinhosamente a pequena, que sorri.*)

LÍLIAN - Feliz Natal... papai e mamãe!

Apagam-se as luzes e todos participantes, inclusive do Natal, saem pela platéia desejando entre sorrisos e abraços um Feliz Natal aos presentes.

Os herdeiros do Céu

(Para o Ano-novo.)
Peça em 2 atos

PERSONAGENS

DEISE
CÉSAR
FÁBIO
NARRADOR I, participante masculino
NARRADORA II, participante feminino
NARRADORA III, idem

CENÁRIO – Imaginável.
INDUMENTÁRIA – No primeiro ato, Deise, César e Fábio estarão vestidos com roupas atuais. No segundo, assim como os narradores, eles vestirão também túnicas brancas. Para melhor aparência do quadro geral, uma ou outra personagem usará também mantos brancos bem colocados sobre os ombros. Todos terão as cabeças descobertas.

ACESSÓRIOS – Bíblias para Deise e Fábio. Quantidade suficiente de flores brancas pequeninas para distribuir com a platéia, no final.

PRIMEIRO ATO

Iniciando a peça, Deise e Fábio entram pela porta que dá para os fundos, trazendo suas bíblias. Ao mesmo tempo, César entra pela porta lateral. Encontram-se em meio de cena.

DEISE – Veja, Fábio! É César!

FÁBIO – Como vai, meu amigo? (*Cumprimenta-o.*)

CÉSAR, *amargurado* – Não estou tão bem quanto vocês.

DEISE – Ora, mas por quê?

CÉSAR – Sei lá. Está tudo tão difícil por aí. A vida está cada vez pior.

FÁBIO – Mas que pessimismo, César!

CÉSAR – Claro, eu não posso ser tão "esperançoso" quanto você.

FÁBIO – Acontece que a nossa esperança está em Cristo Jesus, meu amigo.

CÉSAR, *com enfado* – Ah! de novo não! Será que toda vez que encontro vocês tenho de ouvir sermões?

DEISE – Não se trata disso, é que você nos preocupa.

CÉSAR, *irônico* – Eu preocupo vocês?... Ora mas como são bonzinhos estes crentes...

DEISE – César, estamos vindo de um estudo que fizemos na igreja sobre o livro de Apocalipse. Foi maravilhoso!

FÁBIO – Mais tarde, no culto pela passagem de Ano-novo, o pastor continuará falando sobre o assunto. Você poderá ir conosco.

CÉSAR – Não, eu vou passar o ano é bebendo, para esquecer.

DEISE – Mas esquecer o quê, César?

CÉSAR, *revoltado* – Querem mesmo saber? A vida! Quero esquecer as armas nucleares nas mãos dos poderosos, enquanto as mãos dos médicos estão vazias do remédio que cure o câncer. Ah! eu tenho muito o que esquecer, sabem? Quero estar tão alcoolizado, que não lembre, durante a passagem de "ano-novo", que milhares e milhares de criancinhas estarão morrendo por falta de um mísero pedaço de pão! Quero esquecer que famílias inteiras estão sendo mortas brutalmente pelas guerras nojentas! Quero esquecer os doentes angustiados entre os frios corredores dos hospitais... Se eu pudesse, nem mesmo procuraria acordar do sono que o álcool me pode dar.

FÁBIO, *tocando o braço do amigo como para despertar sua atenção* – César, César, por favor! Não se angustie tanto! Vamos até lá em casa. Conversaremos um pouco e quem sabe poderá nos acompanhar mais tarde à igreja.

DEISE – Vamos, César! Mamãe ficará contente com a sua visita. Ela gosta muito de você.

CÉSAR – Está bem, vamos. Mas eu não prometo ir à igreja, como um bom "cristãozinho".

FÁBIO, *para Deise* – Vamos maninha; *para César* – Vamos meu amigo. (*Saem pela porta que dá para a rua, enquanto se apagam as luzes.*)

SEGUNDO ATO

Acendem-se as luzes.

NARRADORA II, *entra sorrindo, trazendo um ramo de flores, brancas* – Naquela noite, Deise e Fábio conseguiram que César os acompanhasse à igreja para comemorar a passagem de Ano-novo. Ouvindo a mensagem da Palavra de Deus, César achou a salvação em Cristo Jesus e, encontrando o Mestre, encontrou a paz, porque Jesus é o Príncipe da Paz! (*Narradora II permanece em cena, enquanto entram todos os outros, por uma porta lateral. César, Fábio e Deise estão vestidos de branco, como os demais. Todos trazem nas mãos ramos de flores. Falam espalhados em centro de cena.*)

NARRADOR I – César encontrou Jesus, e encontrou a paz e a esperança.

NARRADORA III – Os problemas humanos continuariam, mas César estava firmado na Palavra de Deus.

CÉSAR – "No mundo tereis aflições, mas tende bom ânimo, eu venci o mundo" – foram as palavras de Jesus, o nosso Mestre.

TODOS, *apontando para o público* – Tende bom ânimo,

meus irmãos, nada de tristezas! Muita alegria no Ano-novo!...

Música especial, muito alegre, enquanto saem todos no meio do público oferecendo raminhos de flores das que trazem consigo. Ao mesmo tempo desejam, sorridentes, um Feliz Ano-novo. Voltam em seguida para o centro de cena, alegremente.

DEISE – E diz a Palavra de Deus no livro de Apocalipse:

NARRADORA II – "Depois destas coisas, olhei e vi uma multidão, a qual ninguém podia contar, de todas as nações, tribos e línguas, que estavam diante do Cordeiro trajando vestidos brancos e com palmas em suas mãos."

FÁBIO – "E um dos anciãos me falou, dizendo:

TODOS – "Estes que estão vestidos de vestidos brancos, quem são e de onde vieram"?

CÉSAR, *apontando os participantes em cena e todo o público* – "Estes são os que vieram de grande tribulação e lavaram os seus vestidos e os branquearam no sangue do Cordeiro".

NARRADOR I – "Porque o Cordeiro que está no meio do trono os apascentará e lhes servirá de guia para as fontes das águas da vida."

NARRADORA III – "...e Deus limpará de seus olhos toda a lágrima."

TODOS, *sorrindo* – "...e Deus limpará de seus olhos toda a lágrima."

DEISE – "E vi um novo céu e uma nova terra",

CÉSAR – "porque o primeiro céu e a primeira terra passaram...",

FÁBIO – "e o mar já não existe."

NARRADOR I – "E João viu a cidade santa, a nova Jerusalém",

NARRADORA II – "que de Deus descia do céu adereçada como uma esposa para seu marido."

TODOS – "Eis aqui o tabernáculo de Deus com os homens!"

DEISE – "E eles serão o seu povo e Deus estará com eles!"

TODOS – "E Deus limpará de seus olhos toda a lágrima."

CÉSAR, *sorri* – "E não haverá mais morte, nem pranto, nem dor, porque as primeiras coisas passaram."

TODOS, *abraçando-se e ficando num semicírculo de frente para o público, sorridentes* – "Quem vencer herdará todas as coisas e seremos filhos de Deus!"

CÉSAR – Feliz Ano-novo, pois cada dia que passa nos aproxima mais da nova terra e novos céus. Cristo não tarda a voltar!

Todos cantam a 1ª e 4ª estrofes do hino 111 do Cantor Cristão, enquanto saem cumprimentando os assistentes, e desejando-lhes: Feliz Ano-novo.

Nascer de novo, ainda hoje

(Para o Ano-novo.)
Peça em 1 ato

PERSONAGENS

VÍVIAN, uma moça que mora so.
CÂNDIDA, uma senhora com idade, a partir de cinqüenta anos
CARLA, jovem
AUGUSTO, um senhor de meia-idade
HENRIQUE, rapaz

CENÁRIO – Sala de residência.
INDUMENTÁRIAS – Da época atual
OBSERVAÇÕES IMPORTANTES:

1. A personagem Vívian precisa ser muito bem interpretada, especialmente na cena de mímica, em que usa um telefone imaginário. Caso possível, usar um telefone comum.

2. Os crentes entrarão em cena trazendo suas respectivas bíblias.

Sozinha em cena, Vívian anda de um lado para outro, aparentando grande nervosismo e angústia.

VÍVIAN – Ano-novo! Mais um ano de incertezas, crises, angústia! Eu deveria ter ido para um clube... qualquer lugar. Assim não passaria o ano aqui, sozinha entre estas paredes. E agora? *(Senta-se, abaixa a cabeça, tapa os ouvidos, nervosa. Levanta-se outra vez.)* Que vale viver? *(Em boca de cena.)* Não tenho amigos, família... ninguém. Pensando bem, não sei por que continuar vivendo. *(Olha à sua volta.)* Eu poderia fechar bem todas as janelas, ligar o gás... e pronto. Tantos escolhem essa saída... não deve ser assim tão difícil. *(Senta-se novamente e, olhando para uma mesinha, vê o "telefone". Disca e leva o fone ao ouvido.)* Não atendem. Será que não há ninguém? *(Coloca o fone no gancho e depois tenta outra vez.)* Alô! Alô!... é do CVV-SAMARITANOS? Eu? Ah! sim... já liguei outras vezes, em crises de angústia. *(Ri nervosamente.)* Não sei como podem pretender ajudar as pessoas do outro lado do fio. *(Pequena pausa.)* Por que liguei? Ora, para dizer que hoje resolvi, de uma vez por todas... acabar com a vida; se é que posso dizer que já tenha vivido realmente *(Pausa.)* Mocinha, escute aqui, nada mudará minha decisão. Estou cansada; é simples: cansada de tudo. Da falsidade das pessoas que se rotulam "amigas", desta maldita civilização, das guerras estúpidas... Cansada só não, estou enojada, simplesmente enojada! Como? *(Pequena pausa.)* Bonitas palavras. Você decorou tudo isso? Não? Bem, não importa, agora vou desligar. *(Com raiva.)* Claro que vou desligar, "samaritana", e você não poderá impedir. Cansei de você também. *(Desliga, depois levanta-se e olha nervosamente para as "janelas", também imaginárias.)* Agora falta completar o meu plano: fechar muito bem as janelas e... ligar o gás. *(Batem à porta.)* Esta agora! Quem será o estúpido que... *(Voltam a bater, ela finge não ouvir. In-*

sistem as batidas, ela sente raiva.) Já vou, já vou; mas que gente horrorosamente chata! *(Vai atender.)* – A senhora?

CÂNDIDA, *entra sem esperar pelo convite* – Meu nome é Cândida. *(Muito alegre.)* Costumamos nos encontrar sempre no mercado. Lembra-se?

VÍVIAN, *contrariada* – Lembro, sim. Mas o que deseja?

CÂNDIDA, *sorridente* – Não tive oportunidade de dizer-lhe antes mas eu sou crente e hoje trouxe uns irmãos da minha igreja para uma visitinha.

VÍVIAN, *aborrecida* – Visita? Eu... como soube onde eu morava?

CÂNDIDA, *ainda rindo* – Ah! eu vi você entrar aqui, menina, e então... bem, hoje marquei tudo. *(Chama para fora.)* Carla, Augusto, Henrique, venham, entrem!

VÍVIAN – Mas eu não estou em condições de receber ninguém, eu...

CARLA, *entrando alegremente com os demais, beija Vívian na face* – Não se preocupe, Vívian. Seu nome é Vívian, não é mesmo?

VÍVIAN, *surpresa* – Como sabe?

HENRIQUE – Foi dona Cândida quem nos disse. Se é para o trabalho da igreja, descobre tudo. Parece um "detetive" do Senhor.

AUGUSTO, *apresentando-se* – Meu nome é Augusto, dona Vívian. Pertenço ao Grupo de Evangelização.

CARLA – Eu e Henrique somos da Mocidade.

CÂNDIDA, *feliz* – E eu sou missionária! As senhoras de nossa igreja são mesmo verdadeiras missionárias. Você precisa conhecê-las, Vívian!

VÍVIAN, *olhando constrangida para os lados* – Bem, já que entraram, sentem-se... *(Todos procuram sentar-se.)*

HENRIQUE, *olhando para a sala* – Confortável, aqui. E tem uma bela vista para o mar.

AUGUSTO – A menina Vívian tem o privilégio de poder ver o mar todos os dias. Que bênção! não acham?

CARLA – Puxa, é mesmo. Eu gosto tanto do mar... e moro num subúrbio tão afastado. Ah! mas eu não fico triste, não. Na rua onde moro existem muitas árvores. Você irá visitar-me um dia, Vívian.

CÂNDIDA, *vendo a tristeza de Vívian* – Mas o que é isso, Vívian? por que a tristeza?

VÍVIAN, *levantando-se e se dirigindo à boca de cena* – Bem, se querem mesmo saber, estou farta de tudo. Não encontro mais sentido na vida.

HENRIQUE – A vida é um dom precioso de Deus, Vívian, e você ainda é muito jovem, tem milhares de perspectivas...

VÍVIAN, *cortando aborrecida* – Por favor, sermões, não. Acabei de ouvir um ainda agora, pelo telefone.

CÂNDIDA – Pelo telefone?

VÍVIAN – Sim, eu... bem, liguei para um certo Centro de Valorização da Vida. Foi uma última tentativa antes de...

CARLA – Antes de...

VÍVIAN – Antes da morte. Eu estava planejando ligar o gás quando vocês chegaram.

CÂNDIDA, *levantando-se comovida, abraça Vívian* – Oh! querida, minha querida! louvado seja Deus, que nos enviou até aqui. Vívian, nós a amamos!

CARLA, *levantando-se também, vai abraçar Vívian* – É isso, amamos profundamente a você, acredite! Acredite, Vívian! *(Augusto e Henrique levantam-se também e Augusto aproxima-se das três, que estão abraçadas.)*

AUGUSTO – Nós a amamos, menina. Mas o amor de Deus por você é infinitamente maior do que o nosso.

HENRIQUE, *tomando as mãos de Vívian entre as suas* – Deus a ama tanto, que, por você, entregou seu único Filho, Jesus!

VÍVIAN, *notando que vai emocionar-se, desprende-se dos abraços e afasta-se* – Eu já disse que não preciso de sermões!

CÂNDIDA, *sem perturbar-se* – Está certo, querida. Mas cantar nós podemos, não é?...

VÍVIAN – Cantar?

HENRIQUE, *sorrindo* – Sim, temos um hino muito bonito e você irá arrepender-se se não quiser ouvi-lo.

CARLA – Hoje é dia 31 de dezembro e nós devemos esperar o Ano-novo com muita alegria... e cantando, não acha?

VÍVIAN, *não vendo outra alternativa* – Está certo, cantem. *(Ri, zombando, nervosamente.)* Só não esperem que eu cante também, isso não!

AUGUSTO – De início não, mas logo que aprender poderá acompanhar-nos. Nossa canção, certamente, ficará mais bonita, acredite. *(Vívian senta-se, cansada, e desvia o rosto do quarteto, olhando para outro lado. Os quatro começam a cantar, animadamente, um belo hino – à escolha do grupo. Aos poucos ela se vai sentindo tocada pela música, vira outra vez, devagarinho o rosto, voltando a olhá-los. Demonstra interesse e depois começa a alegrar-se, balbuciando o hino e, em seguida, cantarolando. Cândida percebe e, sem deixar de cantar, vai até o sofá e insiste com Vívian que venha acompanhá-los. Ela resolve aceitar e junta-se aos demais, cantando com grande alegria.)*

HENRIQUE, *muito feliz, ao final do hino* – Viu como ficou bonito mesmo? Você parece conhecer o hino!

VÍVIAN, *sorrindo* – Sim, eu o conhecia. Quando era pequena, vovó o cantava comigo e eu aprendi.

CÂNDIDA, *mal podendo conter a alegria* – Viu só?... Viu só?... E que voz tão bonita, Vívian! Deus há de usá-la muito ainda, eu sei! Tenho absoluta certeza!

HENRIQUE – Já que estamos todos agora tão felizes por que não lemos a Palavra de Deus?

CARLA, *abrindo sua Bíblia* – Irmão Henrique, enquanto cantávamos, eu pensava neste texto de João 3, deixe ver... versículos 1 a 7. O texto fala do encontro de Nicodemos com o Mestre Jesus. *(Lê.)*

VÍVIAN, *no final da leitura* – Nascer de novo? *(Atônita, olha para todos do grupo.)* Mas vocês acham que eu também... posso nascer de novo?

CÂNDIDA – Mas é claro, Vivinha! Todos nós podemos nascer novamente, através da aceitação de Jesus Cristo!

AUGUSTO – "Mas Deus prova o seu amor para conosco, em que Cristo morreu por nós, sendo nós ainda pecadores".

HENRIQUE – Temos um hino, o 201 do Cantor Cristão, que fala também do encontro de Jesus e Nicodemos.

VÍVIAN, *emocionada* – Oh! cantem, cantem!... Por favor!...

CÂNDIDA, *feliz* – Que bom que você deseja ouvir! Cantemos então, irmãos. *(O pedido de Cândida pode ser estendido à toda a igreja. Ficará assim mais bonito.)*

AUGUSTO, *no final do hino cantado pela igreja* – Importa renascer... Você não gostaria de renascer hoje, através de Jesus, Vívian?

VÍVIAN, *emocionadíssima* – Sim, sim! Eu preciso nascer novamente, preciso de Cristo!

CARLA – Então você o aceita em seu coração?

VÍVIAN, *abraçando Carla e chorando* – Sim, eu aceito, para sempre, para sempre!

CÂNDIDA, *abraçando-se às duas* – Louvado seja o nome do Senhor! Que alegria, meus irmãozinhos! *(Augusto e Henrique vêm cumprimentar Vívian.)*

VÍVIAN – Estou tão feliz, tão incrivelmente feliz! Sintome de fato como uma criancinha.

CARLA – Ano-novo... vida nova!

TODOS – Vida nova! Vívian renasceu para Jesus Cristo *(Apontam todos para o público.)* – Você também poderá renascer, ainda hoje!